Georg Bemmerlein

Abiturwissen Geschichte

Deutschland im 19. Jahrhundert

Klett Lernen und Wissen

Georg Bemmerlein ist Gymnasiallehrer für die Fächer Geschichte, Deutsch, Sozialkunde, Wirtschaft und Informatik in Rheinland-Pfalz.

Bibliographische Information Der Deutschen Bibliothek
Die Deutsche Bibliothek verzeichnet diese Publikation in der Deutschen Nationalbibliographie; detaillierte bibliographische Daten sind im Internet über http://dnb.ddb.de abrufbar

Auflage   4. 3. 2. | 2009 2008
Die letzten Zahlen bezeichnen jeweils die Auflage und das Jahr des Druckes.
Alle Rechte vorbehalten
„Das Werk und seine Teile sind urheberrechtlich geschützt. Jede Nutzung in anderen als den gesetzlich zugelassenen Fällen bedarf der vorherigen schriftlichen Einwilligung des Verlages. Hinweis zu § 52 a UrhG: Weder das Werk noch seine Teile dürfen ohne eine solche Einwilligung eingescannt und in ein Netzwerk eingestellt werden. Dies gilt auch für Intranets von Schulen und sonstigen Bildungseinrichtungen."
Fotomechanische Wiedergabe nur mit Genehmigung des Verlages

© Klett Lernen und Wissen GmbH, Stuttgart 2006
Internetadresse: www.klett.de
Umschlagfoto: Thomas Weccard, Ludwigsburg
Satz: SMP Oehler, Remseck
Druck: Gulde Druck GmbH, Tübingen
Printed in Germany
ISBN-13: 978-3-12-929853-4

Inhalt

1 Von Napoleon bis zum Wiener Kongress — 5

   1.1 Das Ende des Heiligen Römischen Reiches Deutscher Nation — 6
   1.2 Die Kriege Napoleons I. von 1803–1809 — 8
   1.3 Die Neuordnung Deutschlands durch Napoleon nach 1805 — 9
   1.4 Die Reformen in den deutschen Staaten — 11
   1.5 Die Neugestaltung Europas im Wiener Kongress — 15
   Zusammenfassung — 22

2 Die Zeit des Vormärz — 23

   2.1 Der Liberalismus — 24
   2.2 Der Nationalismus — 26
   2.3 Folgen und Entwicklungen — 29
   2.4 Das Zeitalter des Pauperismus — 33
   Zusammenfassung — 34

3 Die Revolution von 1848 und die Folgen — 35

   3.1 Voraussetzungen — 36
   3.2 Der Verlauf der Revolution — 40
   3.3 Die Erfolge der deutschen Revolution 1848 — 43
   3.4 Die Ursachen des Scheiterns der Revolution 1848 — 44
   3.5 Die Folgen des Scheiterns der Revolution 1848 — 45
   3.6 Die Bewertung der deutschen Revolution 1848 — 46
   3.7 Die Frankfurter Nationalversammlung — 46
   3.8 Begrenzte Liberalisierung – die Zeit der Reaktion — 54
   Zusammenfassung — 58

4 Industrialisierung und soziale Frage — 59

   4.1 Die Industrielle Revolution in England — 60
   4.2 Wirtschaftliche und soziale Veränderungen nach 1800 — 64
   4.3 Der Deutsche Zollverein — 68
   4.4 Die Industrialisierung in Deutschland — 69
   4.5 Die soziale Frage und die Versuche zu ihrer Lösung — 75
   Zusammenfassung — 82

5 Die Ära Bismarck in Preußen und Deutschland — 83

- 5.1 Der Aufstieg Preußens unter Bismarck — 84
- 5.2 Die Reichsgründung — 88
- 5.3 Die Reichsverfassung — 98
- 5.4 Die Innenpolitik Bismarcks — 104
- 5.5 Bismarcks Auseinandersetzung mit den Liberalen — 109
- 5.6 Die Sozialgesetzgebung — 110
- 5.7 Der Sturz Bismarcks — 111
- 5.8 Beurteilung der Innenpolitik Bismarcks — 111
- 5.9 Die Außenpolitik des neuen Reiches unter Bismarck — 111
- Zusammenfassung — 118

6 Deutschland im Zeitalter des Imperialismus — 119

- 6.1 Rechtfertigung des Imperialismus — 120
- 6.2 Die großen Nationen und der Imperialismus — 122
- 6.3 Die neue Außenpolitik des deutschen Imperialismus — 124
- 6.4 Die innere Politik des Reiches nach Bismarck bis 1900 — 130
- Zusammenfassung — 133

Fragen und Arbeitsaufträge — 134

Arbeitsaufträge im Abitur und bei Klausuren — 137

Musterklausur — 140

Zitat-, Literatur- und Abbildungsnachweis — 146

Glossar (erklärt die mit einem * versehenen Begriffe) — 148

Von Napoleon bis zum Wiener Kongress

1

Der junge Napoleon – General der Republik

William Pitt und Napoleon teilen die Welt (1805)

„Die Heldin von Jena in Russland" Karikatur über Königin Luise v. Preußen, die den Zaren vergeblich um Hilfe bittet.

Napoleon in exile in 1820, by Horace Vernett

1

1.1 Das Ende des Heiligen Römischen Reiches Deutscher Nation*

Voraussetzungen

Seit 1792 führten die europäischen Mächte Krieg gegen das revolutionäre Frankreich. Nachdem Preußen im Jahr 1795 seine Neutralität in der Auseinandersetzung im Frieden von Basel erklärt hatte, blieben als **Hauptgegner Frankreichs** zu Lande nur noch **Österreich und das Heilige Römische Reich Deutscher Nation**, die in Personalunion* verbunden waren. Frankreich blieb Sieger und besetzte alle deutschen Reichsgebiete links des Rheins. Im Frieden von Campo Formio bestätigte Österreich die vollzogene französische Annexion* des linken Rheinufers, ohne dass mit dem Heiligen Römischen Reich ein gleich lautender Vertrag vorgelegen hätte.

Seit 1797 verhandelten deshalb die Reichsfürsten, die linksrheinische Besitzungen verloren hatten, mit Österreich und Frankreich in Rastatt um eine **Entschädigung**.

Diese sollte dadurch erfolgen, dass alle geistlichen Herrschaften säkularisiert, d. h. der Verwaltung der Kirche entzogen und entsprechend ihrer jeweiligen Verluste den betroffenen Reichsfürsten als Ersatz überlassen werden sollten.

Von 1798 bis 1801 versuchte Österreich im zweiten Koalitionskrieg wiederum vergeblich, Frankreich zu besiegen. Im **Frieden von Lunéville** zwischen Napoleon und Kaiser Franz II. musste Österreich 1801 endgültig die linksrheinischen Gebiete abtreten. Der Friede galt auch für das Deutsche Reich. Die Entschädigung der deutschen Fürsten, die linksrheinische Besitzungen verloren hatten, mit rechtsrheinischem Reichsgebiet wurde ausdrücklich im Friedensvertrag vereinbart.

Die Inhalte des Reichsdeputationshauptschlusses 1803

Die Reichsdeputation (Reichstagsausschuss) beschließt folgenden Plan:
- Fast alle geistlichen Herrschaften werden aufgelöst;
- es werden vier neue Kurfürstentümer* gebildet und die Reichsverfassung verändert (Ende der Reichskirche auch rechtlich);
- kleinere Reichsterritorien wie Reichsstädte und Reichsritterschaft werden ebenfalls aufgelöst;

Marginalien:

„Erste Koalition" (1792–1797) Preußen ist im Osten festgelegt (3. polnische Teilung)

Rastatter Friedenskongress bis 1798

„Hauptschluss" bedeutet: „Der letzte Beschluss der Reichsdeputierten"

= „Säkularisation"
= „Mediatisierung"
Insgesamt 112 Reichsterritorien werden aufgehoben mit über 50 000 km² Fläche und über 3 Mio. Einwohnern.

- Preußen, Baden, Bayern und Württemberg werden vergrößert, die Entschädigten erhalten teilweise ein Mehrfaches ihrer Verluste:

Gebiets- und Bevölkerungsverluste bzw. -gewinne (gerundet)

	Verluste	Gewinne
Preußen	2 000 km² 140 000 Menschen	12 000 km² 600 000 Menschen
Bayern	10 000 km² 600 000 Menschen	14 000 km² 850 000 Menschen
Baden	450 km² 30 000 Menschen	2 000 km² 240 000 Menschen
Württemberg	400 km² 30 000 Menschen	1 500 km² 120 000 Menschen

Folgen

- Schwächung des Kaisertums durch die Abschaffung der letzten Grundlagen kaiserlicher Macht im Reich;
- Stärkung der großen Fürsten im Reich gegenüber dem Kaiser durch Machtzuwachs und Vermehrung der Kurfürstentümer;
- die Zersplitterung des Reiches wird durch die Vergrößerung der Territorien* und die Auflösung der vielen reichsunmittelbaren Kleinstaaten verringert;
- Frankreich gewinnt in den süddeutschen Staaten Verbündete.

Reichskirche, Reichsstädte und Reichsritterschaften werden aufgelöst.

Neue Kurfürstentümer: Baden, Württemberg, Hessen-Kassel und Salzburg

Auswirkungen

- Der österreichische Herrscher und Deutsche Kaiser Franz II. nimmt den Titel eines erblichen Kaisers von Österreich an, nachdem sich 1804 Napoleon selbst zum Kaiser der Franzosen krönt.
- Bayern, Sachsen und Württemberg werden von Napoleon im Jahre 1805 zu Königreichen erhoben.
- Die süd- und westdeutschen Fürsten gründen unter Napoleons Protektorat* den Rheinbund und treten aus dem Reich aus.
- Auf ein Ultimatum* Napoleons legt Kaiser Franz die deutsche Kaiserkrone nieder. Damit hört das Heilige Römische Reich Deutscher Nation auf zu existieren.

Bruch der Reichsverfassung: Nur der Kaiser des Heiligen Römischen Reiches hat den Rang des Königs im deutschen Reichsterritorium.

1.2 Die Kriege Napoleons I. von 1803–1809

Die Niederwerfung Österreichs und des Reiches

Seit 1804 ist Napoleon Kaiser der Franzosen.

- Im Jahre 1803 führte Napoleon wegen wirtschaftlicher und kolonialer Rivalität mit England wieder Krieg. Österreich wurde zunehmend misstrauisch, da Napoleon mit den deutschen Südstaaten das Bündnis gegen Habsburg suchte. Auch Russland begann, sich der „Koalition* des europäischen Establishments*" gegen Napoleon anzuschließen.

Seesieg durch Admiral Nelson, so genannte „Dreikaiserschlacht"

- 1805 gelang es dem englischen Premierminister William Pitt Junior, zwischen England, Russland und Österreich die so genannte Dritte Koalition gegen Napoleon zu Stande zu bringen. Trotz des britischen Sieges zur See bei Trafalgar verlor die Koalition in der Schlacht bei Austerlitz den Krieg zu Lande.
- Österreich bat um Frieden und Russland zog sich aus Mitteleuropa zurück, die Koalition war zerbrochen. Nur England hielt hartnäckig an der Auseinandersetzung fest.

Der Sieg über Preußen und Russland 1806/07

Luise v. Preußen (1776–1810)

Die schöne und temperamentvolle Frau des preußischen Königs übte auf Seite der Kriegspartei großen Einfluss aus. Ihre Unterstützung der Reformer im späteren Befreiungskampf führte nach ihrem Tod zur Überhöhung ihrer Person in der nationalen Legende Preußens.

Ursachen: Preußen fühlte sich durch die französische Besetzung des britischen Hannover (1803) in seiner seit 1795 andauernden Neutralität bedroht. 1805 überließ Napoleon jedoch Preußen das Territorium von Hannover als Ersatz für den Verlust der süddeutschen preußischen Besitzungen, denn der fränkische Hohenzollernbesitz (Ansbach-Bayreuth) fiel an Bayern.

England legte nach der Besetzung Hannovers durch preußische Truppen den Seehandel mit Preußen still. In der durch den wirtschaftlichen Schaden verärgerten preußischen Öffentlichkeit wurde bald darauf bekannt, dass Napoleon Hannover, trotz der Überlassung an Preußen, im Falle eines Friedensschlusses mit England der britischen Krone zurückgeben wollte. Gleichzeitig stationierte Bonaparte starke Truppenverbände an den Westgrenzen Preußens. Die antifranzösisch eingestellten Teile der hohen preußischen Beamtenschaft, die Generalität und Mitglieder der königlichen Familie gewannen den Eindruck, Napoleon wolle, notfalls auch mit Gewalt, Preußen seinen Plänen dienstbar machen. Dadurch geriet der unsichere preußische König Friedrich Wilhelm III. zusehends unter innenpolitischen Druck.

Ausbruch und Verlauf des Krieges: Schon 1805 hatte sich Berlin der russischen Unterstützung versichert. 1806 entschloss sich der Preußenkönig, Napoleon ein Ultimatum auf Abzug der französischen Truppen von Preußens Grenzen zu stellen und die preußische Armee zur Unterstützung seiner Forderung mobil zu machen. Als Paris die Demobilisierung* Preußens verlangte und das Ultimatum zurückwies, erklärte Berlin den Krieg.

In der Doppelschlacht von Jena und Auerstedt wurde die veraltete und zaghaft geführte preußische Armee 1806 vernichtend geschlagen. Der König flüchtete in die preußischen Ostprovinzen und führte mit den Resten der Armee und mit russischer Hilfe den Krieg weiter, während die französischen Truppen den größten Teil des Landes besetzten.

Der starre, absolutistische*, konservative* preußische Staat hatte sich unfähig gezeigt, die Heere des französischen Kaisers aufzuhalten. Die Bevölkerung brachte den Franzosen anfänglich sogar Sympathie entgegen, soweit sie sich nicht völlig passiv verhielt.

1807 erlitt das russisch-preußische Heer bei Friedland eine schwere Niederlage. Der Zar und Friedrich Wilhelm II. schlossen mit Napoleon den Frieden von Tilsit. Preußen blieb zwar auf Verlangen des Zaren bestehen, musste aber große Gebietsverluste im Westen, hohe Kontributionszahlungen an Frankreich und teilweise militärische Besetzung hinnehmen. Die Armee wurde auf 42 000 Mann reduziert. Preußen war nun nicht mehr viel größer als Bayern.

Napoleon wollte nicht glauben, dass Preußen alleine Krieg gegen ihn wagte. „Der Gedanke, Preußen könne sich allein mit mir einlassen erscheint mir so lächerlich, dass er gar nicht in Betracht gezogen zu werden verdient." (zu Talleyrand am 12.09.1806)[1]

Aufruf des Berliner Magistrats nach der Niederlage von Jena und Auerstedt

1.3 Die Neuordnung Deutschlands durch Napoleon nach 1805

Das Ziel Bonapartes war die Organisation der betreffenden Territorien zur Sicherung und Erweiterung seiner eigenen Herrschaft. Die deutschen Gebiete links des Rheins annektierte Frankreich und etablierte dort die einheitliche napoleonische Verwaltung (Einteilung in sieben Departements*, Aufhebung aller Sonderprivilegien von Einzelpersonen und Gruppen, straffe Gerichts- und Verwaltungsorganisation, einheitliches Recht durch den „Code Napoléon"). Die Bereitschaft, mit den Franzosen in dieser Beziehung zusammenzuarbeiten, war im Bürgertum dieser Gebiete weitgehend vorhanden.

Zur Sicherung der Kontinentalsperre* gegen England verleibte Napoleon die Gebiete der deutschen Nordseeküste (Ostfriesland, Hansestädte) ebenfalls dem französischen Territorium ein. Dazu kamen weitere Länder in Deutschland, die sich der Korse als militärische oder politische Stützpunkte vorbehielt und deshalb von

Weite Teile Ostfrieslands kamen an das Königreich Holland, das Napoleons Bruder Louis regierte.

1

von Kommissaren nach französischem Recht verwalten ließ (Teile Hannovers, Fulda, Erfurt, Bayreuth, Hanau). In diesen Gebieten kam es aus verschiedenen Gründen häufig zu Zusammenstößen:

- In der deutschen Bevölkerung der besetzten Gebiete entwickelte sich eine starke Abneigung gegen die französische Kultur- und Kirchenpolitik.
- Die Franzosen wurden vor allem in den nicht am Rhein gelegenen Gebieten als Fremde empfunden.
- Im Gegensatz zu den linksrheinischen Gebieten, die als französisches Staatsgebiet in den Genuss aller Wirtschaftsprivilegien kamen, hatten die anderen deutschen Territorien unter den Bestimmungen zu leiden, die französische Waren innerhalb des von Napoleon unterworfenen Wirtschaftsraums privilegierten.
- Der deutsche Norden wurde außerdem von Napoleons Kontinentalsperre gegen England wirtschaftlich besonders stark getroffen, wobei die außerordentlich harten Strafen gegen Schmuggler die Abneigung gegen die französische Besatzungsmacht noch vergrößerten.

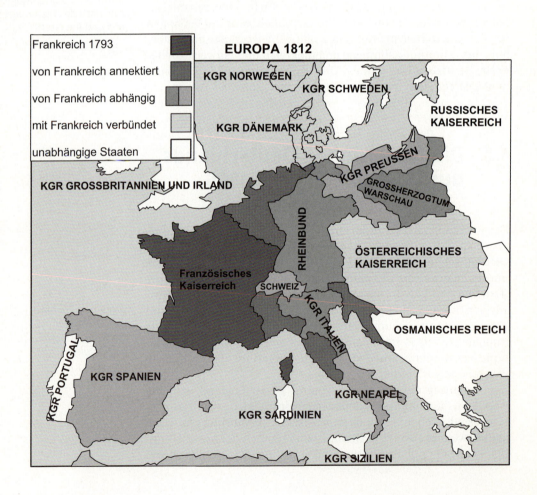

- Vor allem die ehemals reichsfreien* Gebiete des Nordens vermissten die alte Selbstständigkeit (Hansestädte).
- Die durch den Reichsdeputationshauptschluss veränderten, neu geformten Staaten des Rheinbundes wurden von Napoleon nochmals territorial verändert und in ihrer Anzahl wieder vermehrt. In den neuen Staaten setzte Napoleon Könige „von Seinen Gnaden" ein.
- Auch die von Napoleon eingesetzten Regenten führten nach dem Vorbild des Mutterlandes eine aufgeklärte, fortschrittliche Rechts-, Verfassungs- und Verwaltungsordnung ein. Vor allem das Napoleons Bruder Jerôme übertragene neu gegründete Königreich Westfalen sollte für das französische System werben.

Gerade in den Hansestädten war zuvor die Sympathie für das revolutionäre Frankreich groß.

Neue Staaten: Königreich Westfalen, Großherzogtümer Berg, Frankfurt und Würzburg

Die Verfassung Westfalens war in Frankreich ausgearbeitet worden. Eine ganze Zahl angesehener deutscher Beamter wirkte aber an den Reformen mit.

1.4 Die Reformen in den deutschen Staaten

Reformen in den von deutschen Fürsten beherrschten Rheinbundstaaten

Den Reformen lag einmal die Erkenntnis der Regierungen zugrunde, dass die **überkommenen Herrschaftsstrukturen** ohne Reform angesichts des französischen Vorbildes nicht mehr lange aufrecht erhalten werden konnten. Der zweite Grund für die Reformbestrebungen war das **Problem der Eingliederung** der vielen verschiedenen säkularisierten und mediatisierten Herrschaften in die vergrößerten Staaten Deutschlands.

In den Rheinbundstaaten diente Frankreich als Vorbild der Verwaltungs- und Gesellschaftsreformen.

In den kleineren Staaten, v. a. im Osten und Norden des Reiches, waren die Veränderungen gering. Die alten ständischen und absolutistischen Strukturen blieben bestehen. In den drei größeren süddeutschen Staaten Baden, Bayern und Württemberg kam es allerdings zu deutlichen Veränderungen: Bayern erhielt 1808 eine Verfassung. Der Code Napoléon wurde in Baden mit Zusätzen als Landrecht übernommen. Im Gegensatz dazu führte Bayern nur eine Strafrechtsreform durch. In allen drei Staaten verkündeten die Regierungen die Parität der Bekenntnisse (religiöse Toleranzedikte). Ebenso führte man Steuerreformen durch, vereinheitlichte die Verwaltung und beseitigte die meisten Sonderrechte und Privilegien für einzelne Personen oder Gruppen.

Diese **Revolutionen von oben** stießen bei der Bevölkerung nur teilweise auf Zustimmung, da sie oft auch alte ständische Mitbestimmungsrechte beseitigten. Die Macht lag noch mehr als bisher in den Händen des Souveräns*.

z. B. Oldenburg und Mecklenburg

Reformen: in Bayern unter Minister Montgelas (1759-1838), in Baden unter Minister v. Reitzenstein (1766-1847), in Württemberg unter König Friedrich I. (1754-1816). Zuvor galt seit dem Augsburger Religionsfrieden „cuius regio, eius religio".
Steuererhebungen unter Berücksichtigung der wirtschaftlichen Leistungsfähigkeit des Einzelnen und Egalitätsprinzip

1 Die preußischen Reformen

Voraussetzungen
- Die **Unfähigkeit des preußischen Kabinetts**, die **verheerende Niederlage** zu akzeptieren, und die **passive, ja manchmal sogar freundliche Haltung der preußischen Bevölkerung gegenüber den Eroberern** gab jenen Mahnern in der höheren preußischen Beamtenschaft Recht, die schon vor 1806 eine Reform von Staat und Gesellschaft für notwendig gehalten hatten.
- Nach der Niederlage sah dies auch der ansonsten konservative **König** ein und **ernannte** den Führer der früheren Opposition im preußischen Kabinett, den **Freiherrn von Stein, zum ersten Minister**. Stein wurde im Jahre 1808 auf Betreiben Napoleons wieder entlassen. Sein **Nachfolger, von Hardenberg**, trieb die Reformen, wenn auch vorsichtiger, weiter.

Die beiden wichtigsten Reformer hatten schon früh ihre Vorschläge formuliert: Freiherr von Stein in der so genannten Nassauer Denkschrift (1807), von Hardenberg in der so genannten Rigaer Denkschrift (1807).
So genanntes Oktoberedikt (1807)
Wie wenig Preußens Bürger die Reform begriffen, zeigt die Tatsache, dass oft ausgerechnet ehemals absolutistische Beamte zu Verordneten gewählt wurden, da die Bürger diesen Beamten keine vorzeitige Pension (aus Steuern) gönnten.
Die so genannten „Schlüsselministerien" 1810

Inhalte
- **Bauernbefreiung:** Die Abschaffung der persönlichen Dienstbarkeit, Freiheit der Bauern im Güterverkehr, Überlassung der bewirtschafteten Höfe an die Bauern gegen Entschädigung der früheren Grundherren, Aufteilung der Gemeindeländereien an die Bauern zur Individualnutzung.
- **Städteordnung:** Wahl der Stadtverordneten durch die vermögenden Bürger. Die Stadtverordneten kontrollieren die Verwaltung und bestellen den Magistrat* (Einführung der kommunalen Selbstverwaltung).
- **Verwaltungsreform:** Einführung von fünf Fachministerien: Inneres, Finanzen, Auswärtiges, Krieg und Justiz.
- **Wirtschaftsreform:** Gewerbefreiheit, Aufhebung der Zünfte* und aller Standesschranken*, freier Wettbewerb, Rechtsgleichheit in der Wirtschaft, weitgehende Abschaffung von Ausbildungs- und Qualifikationsforderungen.
- **Judenemanzipation:** Gesellschaftliche und wirtschaftliche Gleichberechtigung der Juden.
- **Bildungsreform:** Humanistische Bildung* an Gymnasien, Universitäten mit Freiheit von Lehre und Forschung, Selbstverwaltung der Universitäten soweit möglich.
- **Heeresreform:** Allgemeine Wehrpflicht (in Linie, Reserve oder Landwehr*, je nach Alter); kurze Ausbildung im ständigen Wechsel, um die von Napoleon erzwungene Begrenzung der Heeresstärke zu umgehen; Abschaffung der „entehrenden" Strafen; Gründung einer Militärakademie zur Offiziersausbildung.

Neugründung von Universitäten; treibende Kraft ist Wilhelm von Humboldt.

Der bedeutendste Heeresreformer war von Scharnhorst.

Pranger, Prügel, Spießrutenlaufen

Bewertung der preußischen Reformen
- Die preußischen Reformen waren eine „Revolution von oben". König und Adel zeigten weniger aus Einsicht oder liberaler Gesinnung Nachgiebigkeit, sondern weil offenkundig die Bevölkerung Preußens nicht bereit war, für ein Staatswesen zu kämp-

fen, das sie nichts anging. Aus dieser Erkenntnis entstand der Versuch, Bürger und Bauern an der gesellschaftlichen Verantwortung zu beteiligen.
- Ein großer Teil der Reformen blieb auch nach dem Sieg über Napoleon erhalten.
- Die Bauernbefreiung führte aufgrund der schlechten Finanzlage der Bauern nach 1815 nur zum Teil zum Erfolg. Viele Bauern konnten die alten Grundherren nicht entschädigen und verloren ihren Besitz wieder ganz oder teilweise. Darüber hinaus wurden ca. 50 000 nicht spannfähige Höfe 1816 wieder aufgelöst. Ein Teil der Bauern sank in die Schicht der Lohnarbeiter herab.
- Viele weitergehende Reformpläne und Versprechungen aus der Zeit vor 1815, wie Verfassung, Bauernschutz und erweiterte kommunale Selbstverwaltung, scheiterten am Widerstand des preußischen Adels sowie der konservativen Haltung Hardenbergs und seiner Nachfolger. Dennoch bedeuteten die **Reformen** unzweifelhaft einen **Fortschritt**. Die landwirtschaftliche Produktion erhöhte sich, die Gewerbefreiheit bereitete die Industrialisierung vor, die Bildungsreform behielt ihre Geltung über mehr als hundert Jahre und die Judenemanzipation integrierte gebildete und tüchtige Bürger in die preußische Gesellschaft.

„nicht spannfähig": zu klein, um ein Gespann Zugtiere zu ernähren.

Hardenbergs Interesse war weniger auf liberale oder nationale Probleme gerichtet, sondern mehr fiskalischer Natur: Bauernbefreiung und Gewerbefreiheit sah er als Möglichkeit, über erhöhte Steuereinnahmen den verschuldeten Staat zu sanieren.

Die Befreiungskriege

Ursachen

Zar Alexander war nicht bereit, die im Frieden von Tilsit eingegangenen Verpflichtungen einzuhalten, vor allem nicht die Kontinentalsperre gegen England zu unterstützen.

Napoleon zog deshalb mit dem größten Heer, das es bis dahin in Europa gegeben hatte, gegen den Zaren. Die russische Armee wich nach einer Niederlage aus und verwüstete das aufgegebene Terrain, so dass sich die Angreifer nicht daraus versorgen konnten (Taktik der verbrannten Erde). Napoleon konnte zwar Moskau nehmen, musste sich aber wegen des einbrechenden Winters und der schlechten Versorgungslage zurückziehen. Hunger, Frost, Krankheiten und die nachrückende, ständig in den Flanken und an Schwachstellen angreifende russische Armee vernichteten die „Grande Armée" fast gänzlich.

Daraus ergaben sich im Wesentlichen drei Folgen:
- Napoleons Armee erlitt nicht wieder gutzumachende Verluste;
- der Mythos der Unbesiegbarkeit Bonapartes war endgültig dahin;
- die gewaltigen Verluste bei den Truppen der verbündeten europäischen Staaten, die den größeren Teil der Armee gestellt hat-

Größe und Verluste der Armee werden sehr verschieden angegeben, weil während des Feldzuges ständig Reserven nachgeschickt wurden. Die Stärke der Angriffstruppen wurde immer geringer, weil zur Sicherung der weiten Räume große Truppenteile gebunden waren. Im Zentrum zählte die Armee 450 000 Mann, an den Flügeln 200 000 Preußen und Österreicher, die vor allem Sicherungsaufgaben übernahmen und entsprechend geringe Verluste hatten.
Der preußische General Yorck von Wartenburg beschrieb die Katastrophe so: „Der Kaiser überschritt mit 336 000 Mann den Njemen, kam mit 229 000 Mann nach Witebsk, eröffnete mit 185 000 Mann die Operation auf Smolensk, verließ mit 156 000 Mann die

1 *Stadt und zog mit 95 000 Mann in Moskau ein. Nach dem Rückzug über die Beresina waren es kaum 30 000."²*

Die Verluste bei den verbündeten Truppen der deutschen Klein- und Mittelstaaten, die im Gegensatz zu Preußen und Österreichern im Zentrum eingesetzt wurden, waren furchtbar: Von 35 000 eingesetzten bayerischen Soldaten beispielsweise kamen nur 2 300 ohne Schaden davon. Viele Deutsche gewannen den Eindruck, den Blutzoll des missglückten Feldzuges habe vor allem ihr Volk getragen. Tatsächlich dürfte fast die Hälfte der Opfer Franzosen gewesen sein (zwischen 150 000 und 200 000). Konvention von Tauroggen im Dezember 1812 durch General Yorck von Wartenburg. Zahlreiche Preußen kämpften bereits auf russischer Seite.

*Schon beim österreichischen Kampf gegen Napoleon 1809 hatte sich gezeigt, dass Österreich die Hegemonie Russlands nicht weniger fürchtete als die Frankreichs.
England, der Erzfeind Frankreichs, war an der Koalition selbstverständlich auch beteiligt.
Sachsen zögerte zu lange und verlor deshalb im Wiener Kongress große Gebiete an Preußen.*

ten, erbitterten die Bevölkerung und die Regierungen der mit Napoleon alliierten Staaten.

Weitere Ursachen für den Beginn der Befreiungskriege:
- Die **Unzufriedenheit der Bevölkerung** in den von Napoleon unterworfenen Gebieten infolge großer wirtschaftlicher Opfer durch Konfiskationen*, Kriegssteuern und Kontinentalsperre und wegen des hochmütigen und ungeschickten Verhaltens der französischen Besatzer und ihrer Verwaltungsbeamten;
- Entstehung eines deutschen **Nationalbewusstseins**;
- verstärkte Anteilnahme der Untertanen am Schicksal des eigenen Staates durch politische Reformen und Zugeständnisse der Herrschenden an das Volk;
- das Misstrauen der absolutistischen deutschen Fürsten gegen die französische Herrschaft stieg, weil die Besatzungsmacht den liberalen Geist (Verfassungen, Code civil u. a. m.) begünstigte und Napoleon häufig seine Zusagen gegenüber den Fürsten nicht einhielt.

Verlauf
- Schon während des Russlandfeldzuges Napoleons fiel ein Teil der preußischen Hilfstruppen durch heimliche Waffenstillstandsabkommen mit Russland aus;
- 1813 Bündnis Preußens mit Russland gegen Napoleon;
- Österreich schloss sich erst nach längerem Taktieren Metternichs dem Feldzug an. Der österreichische Kanzler wollte Frankreich schonen, um ein Gleichgewicht gegen ein allzu starkes Russland in Europa zu erhalten. Erst Metternichs Erkenntnis, dass Napoleon nicht zum Frieden bereit war, führte zum Beitritt Österreichs zur Koalition;
- der Austritt Bayerns aus dem Rheinbund auf Betreiben Metternichs führte zum Zusammenbruch des Bundes; den deutschen Fürsten, die der Koalition beitraten, wurde ihre volle Souveränität, kein Verlust der von Napoleon verliehenen Titel und keine negativen Folgen wegen Unterstützung Napoleons zugesichert;
- schwere Niederlage Napoleons in der Völkerschlacht bei Leipzig 1813;
- Einmarsch der Koalitionstruppen in Frankreich, Besetzung von Paris und Abdankung Napoleons 1814; der Bourbone Ludwig XVIII. bestieg Frankreichs Thron;
- im Frieden von Paris wurde Frankreich auf die Grenzen von 1792 zurückgedrängt.

Ergebnis
- Der **Sieg der absolutistischen Fürsten** führt, soweit möglich, zur **Wiedererrichtung der alten Verhältnisse** vor der Revolution;

- die Veränderung der Grenzen Europas durch Napoleon erfordert die territoriale Neuordnung Europas;
- die **eigentlichen Gewinner sind England und Russland**: England wird unbestritten erste See- und Kolonialmacht, Russland erringt auf dem Kontinent eine Hegemonialstellung*;
- viele der Reformen in den Befreiungskriegen sind nicht mehr rückgängig zu machen;
- der **nationale und liberale Gedanke der Französischen Revolution findet in weiten Kreisen des europäischen Bürgertums Eingang.**

1.5 Die Neugestaltung Europas im Wiener Kongress

Der Wiener Kongress

Ziele
- Revision* der durch Napoleon geschaffenen territorialen Veränderungen und Aufteilung der Gewinne;
- Wiederherstellung des europäischen kontinentalen Gleichgewichts;
- Regelung des Verhältnisses zu Frankreich;
- Auseinandersetzung mit den als revolutionär empfundenen liberalen Ideen der Französischen Revolution und damit
- Wiederherstellung der alten monarchisch-dynastischen* Herrschaftsordnung in Europa durch
- Stabilität, Kontinuität und Legitimität der Throne.

Die verhandelnden Mächte
- **Großbritannien:** Vertreten durch den Außenminister Lord Vincent Castlereagh versuchte London das Übergewicht irgendeiner Macht in Kontinentaleuropa zu verhindern. Da England der Finanzier der Allianz* gewesen und seit dem Pariser Frieden von 1814 die unbestrittene erste Seemacht war, kam der Person Castlereaghs bei den Verhandlungen außerordentlich große Bedeutung zu.
- **Österreich:** Metternich war vor allem daran interessiert, ein Vordringen Russlands nach Mitteleuropa (Polen) und das Vordringen Preußens innerhalb Deutschlands zu begrenzen. Darin war er sich mit den Engländern einig. Der geschickte Diplomat arbeitete an seinen Gleichgewichtsplänen mit allen Tricks und Finessen.
- **Preußen:** Hardenberg als Kanzler der schwächsten europäischen Macht unterschied sich von seinen Verhandlungspart-

Wie auch Castlereagh dachte Metternich nicht an eine Ordnung der europäischen Nationen, sondern der Staaten. Deshalb bezeichneten die Zeitgenossen ihn auch als den „comte de la Balance". Die preußischen Nationalisten forderten für Preußen

1 *innerhalb Deutschlands eine führende Stellung: „... das gemeinsame Vaterland jedes Deutschen...", so der preußische Historiker B. G. Niebuhr.* ³

nern durch seine liberaleren Gedanken und sein größeres Verständnis für die nationalen Hoffnungen der europäischen Völker. Er dachte weniger restaurativ, sondern versuchte, die liberalen und nationalen Hoffnungen, vor allem der Deutschen, für die preußische Politik zu nützen. Ziel der preußischen Verhandlungen war die Arrondierung* der verstreuten preußischen Besitzungen in Deutschland. Hardenberg hatte nur wenig außenpolitischen Spielraum. Zwar zeigten sich Österreich und England bereit, Preußen gegen Russland territorial zu stärken. Doch verhinderte der anwesende preußische König Friedrich Wilhelm III. diese Politik. Er sah im Zaren den Retter der preußischen Monarchie. So überließ man Polen dem Zaren, der im Gegenzug die Annexion Sachsens durch Preußen duldete.

Der russische Zar war immer zugleich Oberhaupt der russisch-orthodoxen Kirche.

- **Russland:** Zar Alexander I. führte die Verhandlungen persönlich. Er glaubte an eine persönliche Mission bei der Einrichtung einer theokratischen* Herrschaftsordnung in Europa und einer Gemeinschaft der Nationen in Europa auf dieser Grundlage, wobei er aber keineswegs auf russische Expansionspläne* gegenüber Polen verzichtete. Er verlangte die Einrichtung eines polnischen Königreiches, dessen Krone er tragen sollte.
- **Frankreich:** Die von Österreich und England bekämpfte Annexion Sachsens durch Preußen und die polnischen Pläne des Zaren ermöglichten es Frankreichs Außenminister Talleyrand, sich Wien und London als Verbündeten anzubieten. Dadurch gelang es dem zuvor isolierten Verlierer, wieder in das Konzert der europäischen Mächte aufgenommen zu werden.
- **Die deutschen Mittel- und Kleinstaaten:** Die kleineren Mächte waren auf den guten Willen der Großmächte angewiesen. Im gemeinsamen deutschen Fünferausschuss zur Neuordnung Deutschlands (Österreich, Preußen, Bayern, Württemberg und Hannover) wurde diese festgelegt.

Der Verhandlungsstil des Kongresses

„Der Kongress tanzt". Nur bei der Unterzeichnung des endgültigen Vertrages trafen alle Teilnehmer zusammen.

Konzept: Konsenspolitik - „Konzert der Mächte"

Am Kongress nahmen Delegationen und Monarchen aus über 200 Staaten teil. Der Wiener Hof und der Hochadel vertrieben den Gästen die Zeit mit zahlreichen Festen. Die steife Etikette* des 18. Jahrhunderts wurde aber nicht wieder eingeführt. Die eigentlichen **Verhandlungen** wurden **nur zwischen den vier Siegermächten** geführt, wobei man **zunehmend Frankreich** mit heranzog. Besondere Probleme waren speziellen Komitees aus den betroffenen Länder vorbehalten.

Die territoriale Neugestaltung

Die Neuordnung Europas
- Russland als Hauptgewinner erhält Finnland (von Schweden) und den größten Teil Polens in Personalunion.

- England erhält Gebiete in Übersee und im Mittelmeer (Kapkolonie, Ceylon, Malta).
- **Frankreich wird** als Gegengewicht zu Russland auf dem Kontinent **verschont**. Es erleidet keine Gebietsverluste und bleibt in den Grenzen von 1792 als Großmacht bestehen.
- Die italienischen Kleinstaaten werden teilweise wieder hergestellt.
- Im Norden Frankreichs entsteht das **Königreich der Vereinigten Niederlande**, ein neuer stärkerer Staat, der die England gegenüberliegende Nordseeküste vor dem Zugriff Frankreichs sichern soll.

Dies hatte Frankreich nicht zuletzt dem Geschick seines Außenministers Talleyrand zu verdanken.

Die territoriale Neuordnung des ehemaligen Heiligen Römischen Reiches

- Preußen erhält die Rheinprovinz, Westfalen, Vorpommern und Nordsachsen; dadurch „wächst **Preußen nach Deutschland hinein**".
- Österreich erhält den größten Teil Oberitaliens und gibt die Besitzungen am Rhein auf; damit „wächst **Österreich aus Deutschland hinaus**". Diese gegen Frankreich gerichtete Maßnahme muss im Zusammenhang mit der Schaffung der Vereinigten Niederlande gesehen werden.
- Bayern erhält im Tausch gegen Tirol, Vorarlberg und Salzburg, Würzburg und Aschaffenburg und behauptet den Besitz Ansbach-Bayreuths gegen Preußen.

Preußen wollte ganz Sachsen annektieren; Österreich gelang es, das zu verhindern.

Bayern hatte sich von 1803 – 1810 von 40 000 km² und 1 Mio. Einwohnern auf 75 000 km² und 3,5 Mio. Einwohner vergrößert.

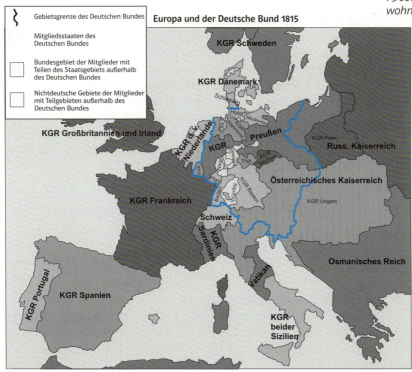

Europa und der Deutsche Bund 1815

17

> *Baden hatte sich von 1803–1810 von 3600 km² und 175 000 Einwohnern auf 15 000 km² und 1 Mio. Einwohner vergrößert; Württemberg von 650 000 Einwohnern auf 1,34 Mio.*

- Baden und Württemberg behalten ihren territorialen Bestand aus der Rheinbundzeit.
- Hamburg, Bremen, Lübeck und Frankfurt als Bundeshauptstadt bleiben frei.
- Im Bereich des ehemaligen Deutschen Reiches bleiben 39 Staaten bestehen.

Grundsätze der politischen Neuordnung Europas

Restauration

Ebenso wie bei der Lösung der territorialen Frage galt auch für die Frage der politischen Neuordnung der Grundsatz der **Wiederherstellung des früheren politischen Zustandes** der Staaten. Dies bedeutete:

> *Dies wurde jedoch flexibel gehandhabt. z.B. blieb Bernadotte König in Schweden.*

- Rückkehr alter Dynastien;
- Wiederherstellung der Adelsprivilegien.

Legitimität

Die Rechtmäßigkeit der Herrschaft des Monarchen wird aus einem **göttlichen Herrschaftsauftrag** abgeleitet. Dies bedeutete:

> *Dies erklärt die enge Bindung von Kirche und Monarchie im 19. Jh. – „Bündnis von Thron und Altar"*

- Rechtmäßigkeit ererbter Herrschaftsansprüche;
- kein Recht auf Selbstbestimmung für das Volk;
- kein Widerstandsrecht gegen den Monarchen.

Solidarität

Zur **Abwehr revolutionärer Ideen und Bewegungen**, die das restaurative System gefährden könnten, betreiben die Fürsten eine gemeinsame Politik. Dies bedeutete:

- Erhaltung des Friedens in Europa durch politisches Einvernehmen;
- Gründung des Bündnisses der „Heiligen Allianz*" zwischen den Kaisern von Österreich und Russland und dem König von Preußen zur gegenseitigen Hilfe gegen revolutionäre Bewegungen (Interventionsprinzip) und zur Sicherung des Friedens in Europa durch Absprachen.

> *„Intervention": Einmischung in die inneren Angelegenheiten eines anderen Staates*

Ergebnis

Die politische Neuordnung Europas hatte **langfristige Wirkungen** und bestimmte die Entwicklung in Europa auf Jahrzehnte. So herrschte **40 Jahre Frieden** zwischen den europäischen Staaten. Da die Interventionspolitik zuerst erfolgreich war, kamen liberale und nationale Bewegungen für die folgenden Jahrzehnte nicht zum Zuge.

> *z. B. russische Intervention in Ungarn 1848*

Die politische Neuordnung Deutschlands

Voraussetzungen
- Auflösung des Deutschen Reiches 1806;
- Eliminierung* der meisten deutschen Zwergstaaten in der Ära Napoleons;
- ein starkes deutsches Gemeinsamkeitsgefühl als Folge des Sieges über Napoleon (Entstehung des bürgerlichen Nationalgedankens);
- Ablehnung eines neuen Deutschen Reiches durch die anderen Großmächte;
- Ablehnung eines neuen Deutschen Reiches, auch in Deutschland selbst, wegen des Gegensatzes zwischen Österreich und Preußen und des Partikularismus* der Mittelstaaten.

Zuvor ca. 300 größere souveräne deutsche Staaten (insgesamt 1789)

„Dualismus" zwischen Österreich und Preußen

Der Deutsche Bund

Es entstand der so genannte Deutsche Bund als Staatenbund der 39 deutschen Staaten. Die Organisation des Bundes wurde in der **Bundesakte** festgelegt, die in die Wiener Kongressakte aufgenommen wurde. Dadurch wurde der Bund international anerkannt.

Die Organisation des Deutschen Bundes
- Insgesamt 35 Fürstentümer und vier Stadtrepubliken;
- Österreich und Preußen treten dem Bund nicht mit ihrem gesamten Staatsgebiet bei, sondern nur mit den deutschsprachigen Gebieten des alten Reiches;
- die Herrscher Englands, Dänemarks und der Niederlande sind als Souveräne deutscher Fürstentümer ebenfalls Mitglieder des Deutschen Bundes (Hannover, Holstein und Luxemburg).

Die Stadtrepubliken waren die Hansestädte Hamburg, Bremen und Lübeck, sowie die Bundeshauptstadt Frankfurt.

Die Konflikte sind auf Dauer absehbar, z. B. deutsch-dänischer Krieg 1864.

Die Bundesakte

Inhalte
- Unauflösbares militärisches Defensivbündnis;
- gegenseitige Garantie der Souveränität der Einzelstaaten;
- Einrichtung eines Deutschen Bundestages als Zentralgewalt, der von den Regierungen beschickt wird;
- in den wichtigsten Angelegenheiten ist im Bundestag Einstimmigkeit erforderlich;
- die Ausführung der Beschlüsse des Bundestages bleibt den Regierungen der deutschen Staaten überlassen;
- aus Einheiten der Einzelstaaten wird ein Bundesheer gebildet;
- die Proklamation landständischer Verfassungen* in den Einzelstaaten wird als Zugeständnis an die deutschen Liberalen empfohlen.

Der Bundestag bestand aus 17 ständig tagenden Gesandten der wichtigsten Staaten unter österreichischem Vorsitz. Bei bedeutenden Entscheidungen, wie etwa Änderungen der Bundessatzung, wurde er auf 69 Gesandte erweitert (Proporz nach Einwohnerzahl der Staaten).

Bewertung

Der Deutsche Bund stellt keinen Bundesstaat, sondern nur einen **Staatenbund ohne zentrale Exekutive*** dar. In Rechts-, Wirtschafts-, Finanz- und Verkehrssachen bestehen keine einheitlichen Regelungen, ebenso wenig bei Maßen oder Gewichten. Der Zweck des Bundes war also nicht auf nationale deutsche Politik gerichtet, sondern, wie es auch in der Bundesakte zu lesen ist, auf „Erhaltung der äußeren und inneren Sicherheit... der deutschen Staaten". Die Organisation des Bundes entsprach nicht dem politischen Willen weiter Kreise des deutschen Volkes, vor allem der nationalen Bewegung. Dennoch bildet der Deutsche Bund den ersten Schritt auf dem Weg zum modernen deutschen Nationalstaat.

Man beachte dabei auch die geforderte Einstimmigkeit der Beschlüsse, die bei 39 Mitgliedern die Wahrscheinlichkeit einheitlicher Beschlüsse sehr gering erscheinen ließ.

Die neuen Verfassungen in Süddeutschland

Seit 1815 wurden in Bayern, Württemberg und Baden Verfassungen eingeführt. Die Fürsten der süddeutschen Staaten taten dies vor allem, um ihre aus vielen unterschiedlichen Territorien neu zusammengesetzten Staaten zu stabilisieren. Durch die Einlösung des Verfassungsversprechens glaubten sie, das liberale Bürgertum für sich einnehmen zu können.

Der Charakter der Verfassungen

Vorbild war die französische Charte Ludwigs XVIII. Entsprechend deren restaurativ-absolutistischer Konzeption enthielten die Verfassungen folgende Schwerpunkte:
- **Ablehnung der Volkssouveränität*:** Die Verfassung ist ein „Geschenk" des Königs.
- **Zensuswahl*:** Das bedeutet Bindung des Wahlrechts an das Steueraufkommen der Bürger. Nur etwa 5 % der Bevölkerung durften auf Grund ihrer Steuerzahlungen wählen.
- **Zweikammersystem*:** Mit ständischer* zweiter Kammer, die nur geringe Rechte außer dem Budgetrecht* besaß.

Eine Ausnahme bildete die **badische Verfassung**, die von allen **die modernste** war, denn ihre zweite Kammer war nicht ständisch (kein Zensuswahlrecht), sondern von Vertretern der Bezirke besetzt. Baden wurde u.a. durch seine fortschrittliche Verfassung zum Musterland des deutschen Liberalismus.

Nach englischem Vorbild besaßen fast alle damals eingerichteten Parlamente eine (nach Steuerzensus) gewählte erste Kammer und eine vom Monarchen oder von Ständeversammlungen beschickte zweite Kammer (Unterhaus und Oberhaus beim englischen Vorbild).

Die Auswirkungen der neuen Verfassungen

Das öffentliche Leben in den süddeutschen Staaten wurde stärker als in Österreich und Preußen politisiert, wo die Fürsten keine Verfassungen zugestanden hatten. Da die Landtage von Anfang an politischen Elan an den Tag legten, fühlten sich die absolutistischen Regierungen belästigt und versuchten, die gegebenen Zugeständnisse, vor allem die Befugnisse der Landtage, nach Möglichkeit wieder zu beschneiden.

Durch die Restaurationspolitik Metternichs wurden die Kammern schließlich nahezu lahm gelegt. Die Verfassungen selbst wurden aber bis 1830 nicht aufgehoben. Die Verfassungen blieben „eher ein Gerüst für die Zukunft als ein Werkzeug zur sofortigen Verwendung"[4].

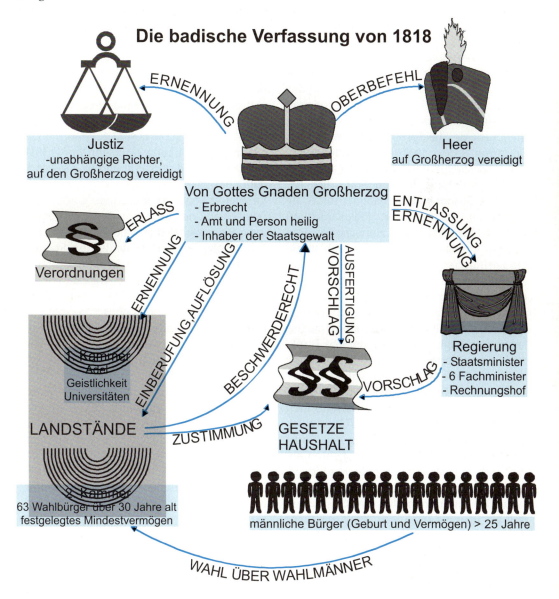

Zusammenfassung: Von Napoleon bis zum Wiener Kongress

Mit der französischen Revolution begann in Deutschland eine Zeit grundlegender geistiger und politischer Veränderungen. Den absolutistischen Höfen Europas gelang es nicht, die französische Revolution und ihre Heere zu stoppen. Der unaufhaltsame Aufstieg des Militärgenies Napoleon und die Niederlagen der deutschen Fürsten führten zum Zusammenbruch des heiligen Römischen Reiches Deutscher Nation. 1803 verschwanden durch den Reichsdeputationshauptschluss, der die deutschen Fürsten für von Frankreich annektierte Territorien entschädigen sollte, die geistlichen Fürstentümer (Säkularisation) und reichsunmittelbaren Herrschaften und Reichsstädte (Mediatisierung). Die zahlenmäßig verringerten, zugleich vergrößerten deutschen Staaten lehnten sich im Rheinbund eng an das napoleonische Frankreich an. Preußen verhielt sich neutral. So musste die Donaumonarchie die deutsche Kaiserkrone niederlegen. Der Sieger, das napoleonische Frankreich, organisierte sich die neuen deutschen Klein- und Mittelstaaten nach seinen Interessen, soweit es sie nicht annektierte. Die durch das französische Vorbild geprägten Reformen im napoleonischen Deutschland führen zu einer erheblichen Modernisierung von Recht und Verwaltung. Preußens Aufbegehren endete 1806 in einer verheerenden Niederlage, ebenso Österreichs Versuch der Gegenwehr 1809. Die Untertanen der absolutistischen Staaten identifizierten sich nicht mit Staat und Herrschaft, sondern verhielten sich passiv. Österreich und Preußen mussten Volksarmeen schaffen, um sich gegen die Volksheere Napoleons zur Wehr setzen zu können. Die deutschen Landesherren, vor allem Preußen unter den Ministern Stein und Hardenberg, machten deshalb der Bevölkerung in einer „Revolution von oben" Zugeständnisse. Diese gingen von der Einführung von Verfassungen, Zugeständnis von Freiheitsrechten, Bauernbefreiung, Gleichstellung von Minderheiten bis zur Teilhabe an der Macht durch Parlamente. Daneben begannen die Fürsten den in Abgrenzung zu den Besatzern aufkeimenden deutschen Nationalismus für sich zu nutzen. Nach der katastrophalen Niederlage Napoleons in Russland 1812 zeigten die Zugeständnisse Wirkung: Napoleon wurde 1813 aus Deutschland gedrängt und bis 1815 endgültig besiegt.

Im Wiener Kongress 1815 wurde Europa und Deutschland neu geordnet. Das untergegangene Reich wurde durch einen Staatenbund von 39 absolutistischen deutschen Staaten ersetzt, dessen Hauptaufgabe darin bestand, die dem deutschen Volke zugestandenen Freiheiten zurückzunehmen. Deutschland blieb wirtschaftlich und politisch zersplittert. Die beiden deutschen Großmächte, Österreich und Preußen, waren nur mit einem Teil ihrer Gebiete am Bund beteiligt. Während Preußen durch Gebietszuwächse im Bund nach Deutschland hineinwuchs, wuchs Österreich durch seine Zugewinne außerhalb des Deutschen Bundes aus Deutschland hinaus. Der absolutistischen Neuordnung Europas entsprach auch die politische Ausrichtung im Sinne der Restauration der absolutistischen Verhältnisse. Im Bündnis von Thron und Altar versicherten sich die europäischen Fürsten gegenseitiger Hilfe bei Abwehr liberaler und revolutionärer Strömungen.

Die deutschen Klein- und Mittelstaaten gestanden landständische Verfassungen zu. Auch wenn die meisten der Verfassungen bald kassiert wurden, ließ sich der Konstitutionalismus* nicht mehr aus den Köpfen der Untertanen beseitigen.

Die Zeit des Vormärz

2

„Der Denkerclub" - Karikatur gegen die Karlsbader Beschlüsse

30000 Menschen auf dem Hambacher Fest 1832

2 Die Zeit des Vormärz

Der Begriff „Vormärz" kennzeichnet den Zeitraum der deutschen Geschichte **zwischen dem Wiener Kongress 1815 und der März-Revolution in Deutschland 1848**. Er ist geprägt vom Gegensatz zwischen absolutistischer Restauration auf der einen Seite und Liberalismus und nationaler Bewegung auf der anderen Seite. Dieser Konflikt ist begleitet von einer zunehmenden Veränderung alter Lebensformen.

Der Anti-Zeitgeist (1819) Radierung von Johann Michael Voltz

„Liberales": spanische Verfassungsbewegung gegen den Absolutismus seit 1812

2.1 Der Liberalismus

Der Liberalismus ist eine Staats- bzw. Gesellschaftsauffassung, die in geistiger, politischer und wirtschaftlicher Hinsicht für die **freie Entfaltung des Individuums gegen staatliche Bevormundung eintritt**. Der Begriff taucht zum ersten Mal 1812 in Spanien auf.

Kennzeichen des Liberalismus im Vormärz

- Der Liberalismus fußt auf der Vertrags- und Naturrechtslehre* der Aufklärung.
- Freiheit wird als Einsicht in die Notwendigkeit begriffen.
- Die Selbstständigkeit des Menschen im Denken, Urteilen und Handeln ist Grundlage seiner Freiheit.
- Liberalismus vertraut auf den Fortschritt der Vernunft (Fortschrittsglaube).
- Eigennutz ist gesellschaftlich gesund, solange als Gegengewicht Toleranz geübt wird.
- Das Toleranzprinzip lässt eine große Zahl verschiedener Ideen und Werte bei den Liberalen zu. Dies erschwerte den Liberalen die Bildung größerer Gruppierungen und Parteien.

Hobbes, Locke, Montesquieu, Rousseau, s. S. 36

Die Träger des Liberalismus

Liberale Ideen wurden vor allem vom **Besitz- und Bildungsbürgertum** vertreten. Da dieses seinem Vermögen entsprechend Steuern zahlte, beanspruchte es vom Staat entsprechende politische Rechte. Dazu trat der Wunsch des Besitzbürgertums, sich gemäß dem Gedanken freier individueller Entfaltung auch wirtschaftlich der staatlichen Bevormundung durch den Absolutismus zu entziehen. Der Kampf des Bürgertums gegen die alte Ordnung erfolgte in zwei verschiedenen gesellschaftlichen Gruppierungen:

- In zahlreichen kleinen Vereinen und Bünden, oft in schwärmerischer, übertriebener Form;
- in der bürgerlichen Akademikerschicht, die einen großen Teil der Beamten stellte, aus philosophischem Idealismus (Beamtenliberalismus). Sie waren eher Befürworter vorsichtiger Reformen.

Burschenschaften, Turnerschaften (Ludwig Jahn); Gesangsvereine

Forderungen des Liberalismus

Grundsätzlich fordert der Liberalismus ein **Höchstmaß an geistiger und wirtschaftlicher Freiheit des Individuums**. Dies bedeutet gleichzeitig den Rückzug des Staates und seiner Macht aus dem gesellschaftlichen Bereich, wo immer dies möglich ist.

Forderungen im geistigen Bereich
- Meinungsfreiheit und Freiheit der Lehre;
- Glaubens- und Gewissensfreiheit.

Forderungen im politischen Bereich
- Grundsätzlich Abwehr politischer Allmacht des Staates und Schutz des Bürgers durch Verfassung;
- Recht auf Leben, Freiheit und Eigentum;
- Gewaltenteilung;
- nationale Einigung als Voraussetzung der Verwirklichung eines liberalen Staatswesens;
- Volksvertretung durch Zweikammersystem;
- Ministerverantwortlichkeit gegenüber der Volksvertretung;
- unabhängige Schwurgerichte;
- Volksbewaffnung (Kampf gegen das adelige Offiziersmonopol);
- Pressefreiheit.

Den Vorrang der Freiheit vor der Einheit verdeutlichte andererseits der bekannte badische Liberale von Rotteck, als er über das Hambacher Fest sagte: „Lieber Freiheit ohne Einheit als Einheit ohne Freiheit!"[1]

Siehe dazu auch den Kampf um die preußische Heeresvorlage 1860

Forderungen im wirtschaftlichen Bereich
- Ungehinderte wirtschaftliche Entfaltung des Einzelnen;
- Rückzug des Staates aus dem wirtschaftlichen Bereich;
- Recht auf freie Nutzung von Privateigentum.

Grundlage dieser Forderungen war der Wirtschaftsliberalismus des Briten Adam Smith (1723-1790). Hauptwerk: „An inquiry into the nature and causes of the wealth of nations" (1776).

Ziele des Liberalismus

Das Ziel des deutschen Liberalismus war **die Verwirklichung der Freiheit des Individuums durch einen Rechtsstaat mit einer Rechte und Freiheiten garantierenden Verfassung**.
Zur Erreichung dieses Ziels wurde die Einheit der deutschen Nation als notwendige Voraussetzung betrachtet. Dem neu zu schaffenden deutschen Nationalstaat sollte nur noch die Aufgabe obliegen, die bürgerlichen Freiheiten nach innen und außen zu sichern. Daneben stand der **Wunsch nach größtmöglicher ökonomischer Handlungsfreiheit**.

Dabei geriet der Liberalismus zunehmend in eine zweifache Frontstellung, auf der einen Seite gegen absolutistische Staatsformen, auf der anderen gegen die das Eigentumsrecht bekämpfenden frühsozialistischen*, radikaldemokratischen Bewegungen. In der Abwehr dieser Ideen neigte der bürgerliche Liberalismus oft dazu, doch mit den absoluten Regierungssystemen zu paktieren. Für den Preis der Garantie persönlicher Freiheit und des Eigentums verzichtete das liberale Bürgertum in seiner Mehrheit lange auf den Kampf um die umfassende politische Mitwirkung am Staat.

2.2 Der Nationalismus

Von lat. „natio": Geburt

Nationalismus bezeichnet aus soziologischer Sicht den **Bewusstwerdungs- und Integrationsprozess einer Großgruppe (Nation)**, die sich, während sie eine eigene Identität entwickelt, von einer Umwelt anderer Nationen bzw. Staaten abgrenzt. Das dazu nötige Nationalbewusstsein entwickelt sich dabei entweder aus:
- dem Aufstieg einer neuen Gesellschaftsschicht (z. B. Bürgertum);
- dem Kampf eines sich bewusst werdenden Volkes gegen eine fremde Herrschaft;
- Bewusstheit der (deutschen) Kulturnation.

Grundzüge der historischen Entwicklung

Das Entstehen des Nationalismus in Europa

Lebhafter Nationalismus im Hundertjährigen Krieg zwischen England und Frankreich (1339–1453) auf beiden Seiten

In der Antike und im Mittelalter wurde der Begriff „natio" nicht im heutigen Sinne verwendet. Im Spätmittelalter entstehen in Europa mit dem Übergang vom Personenverbands*- zum Territorialstaat in England und Frankreich in sich geschlossene Staatsnationen (Nation = Staatsvolk durch geschichtliche und politische Entwicklung).

Die Entwicklung in Deutschland

Reformation, deutscher Humanismus (Ulrich von Hutten)

In Deutschland existierte zur selben Zeit ebenfalls ein lebhaftes Nationalbewusstsein. Die Vorstellung von der deutschen Nation blieb aber aufgrund der politischen und territorialen Zersplitterung des Reiches auf den kulturellen Bereich beschränkt. Es entstand in Deutschland der Begriff der Kulturnation (Nation = Volk mit einheitlicher sprachlicher und kultureller Tradition ohne Berücksichtigung seiner staatlichen Grenzen). Diese typisch deutsche Auffassung des Begriffs Nation führte die deutsche Aufklärung, die ohnehin zum Weltbürgertum neigte, weiter fort. Gleich-

J. G. Herder, J. Ch. Gottsched

zeitig entwickelte sich in den deutschen Kleinstaaten ein eigener Partikularpatriotismus*.

Nationalismus und Absolutismus
Im Zeitalter des Absolutismus war der Begriff der Nation in Europa von zweitrangiger Bedeutung, da sich der Staat nicht im Staatsvolk, sondern in der Person des Landesfürsten verkörperte.

Der revolutionäre (republikanische) Nationalismus
Frankreich hatte sich schon im 16. Jahrhundert zum Zentralstaat mit gleicher Sprache, Kultur und Geschichte entwickelt. Daraus war im Volk ein Nationalbewusstsein entstanden, das im Absolutismus neben dem Prinzip der Untertanentreue stand, das Vorrang besaß. Als zu Beginn der Französischen Revolution der verhasste König das absolutistische Regime* mit Hilfe ausländischer Monarchen aufrecht erhalten wollte, konnten die revolutionären bürgerlichen Kräfte das im Volk verankerte Nationalgefühl gegen den Absolutismus ausnutzen. Die Republik ersetzte den Treueeid gegenüber dem Monarchen durch den nationalen Treueschwur. Daraus entwickelte sich in Frankreich der bürgerliche Nationalismus.

Entstehung des Nationalismus in Deutschland

Die Ausgangslage
Zur Zeit des Ausbruchs der Französischen Revolution erschien die Schaffung eines deutschen Nationalstaates völlig aussichtslos.
- Die Gründe dafür lagen zum einen in der **politischen Struktur des Deutschen Reiches**: *Preußisch-österreichischer Dualismus*
  - Zahlreiche Staaten verschiedener Größe;
  - geringe soziale Missstände im Innern der Kleinstaaten durch aufgeklärte Reformpolitik, es gab wenig revolutionäres Potenzial; *Aufgeklärter Absolutismus, Kameralismus, geistliche Herrschaften*
  - gering entwickeltes deutsches Nationalgefühl bei der Masse der Bevölkerung, eher eine Art „Lokalpatriotismus" gegenüber der jeweiligen Landesherrschaft. *Nur in wenigen Städten bildeten sich „Jakobinerklubs". Sie verfügten nur über geringen Einfluss.*
- Andere Gründe sind in der **Haltung und Struktur des deutschen Bürgertums** zu suchen:
  - Im gebildeten Bürgertum herrschte die aufgeklärte Vorstellung von Deutschland als Kulturnation;
  - Ablehnung von Umsturz und Gewalt als politische Mittel im aufgeklärten Bildungsbürgertum; *„Politisch Lied- pfui, ein garstig Lied" (Goethe)*
  - geringe wirtschaftliche Machtstellung und weniger Selbstbewusstsein als im englischen oder französischen Großbürgertum, weil die zersplitterten Wirtschaftsräume im deutschen Reich keine nennenswerte großbürgerliche Schicht aufkommen ließen.

2

Die Entstehung des deutschen Nationalismus

Die Gründe hierfür sind vielfältig. Eine Rolle spielten:
- Das Vorbild des französischen Nationalismus;
- die Förderung des nationalen Gedankens durch Napoleon selbst, soweit er dem Korsen politisch Vorteile brachte;
- die Belastungen der napoleonischen Fremdherrschaft in Deutschland erzeugten einen mitunter extremen Fremdenhass auf die Franzosen;
- die Kulturströmung der Romantik förderte Nationalismus durch Hinwendung zur deutschen Geschichte und deren Mystifizierung.

„… Ich will den Hass gegen die Franzosen, nicht nur für diesen Krieg, ich will ihn für lange Zeit, ich will ihn für immer…" 2

Im Vormärz entsteht der „Deutsche Michel" als karikaturistische Verkörperung des deutschen Volkes.
(Dt. Michel mit Germania 1848, Ausschnitt)

Moderner Nationalismus der jungen Staaten in der Dritten Welt!

Beispiele: „Nationalsozialismus"; „Nationalkommunismus"

Wilhelm II.: „Am deutschen Wesen soll die Welt genesen."

Der nationale Gedanke im Vormärz

Kennzeichen des Nationalismus im Vormärz

- Verbindung der Ideen von Freiheit und Gleichheit mit dem Streben nach nationaler Einheit;
- Glaube an das Selbstbestimmungsrecht der Nation (Prinzip der Volkssouveränität);
- als Merkmale der Nation gelten z. B. die Siedlungsräume in ihren natürlichen Grenzen oder biologische Abstammung, kulturelle Gemeinsamkeiten wie Sprache, Religion und Tradition, politische Faktoren wie gemeinsame Geschichte oder das Gefühl gemeinsamer politischer Bedrohung von außen, subjektive und irrationale Vorstellungen wie Bewusstsein einer Schicksalsgemeinschaft oder Existenz bloßen Nationalgefühls innerhalb einer Gruppe;
- nationaler Freiheitsbegriff als Freiheit von Fremdbestimmung und Fremdherrschaft anderer Nationen;
- der nationale Gedanke kann mit allen anderen politischen Richtungen verbunden werden;
- nationale Ideen übersteigern sich oft zum Nationalismus und zum Chauvinismus*;
- der Nationalismus ist oft Teil des politischen Selbstverständnisses bürgerlicher Herrschaft.

Träger des Nationalismus im Vormärz

Die Entstehung des Nationalismus ist mit dem **Aufstieg der bürgerlichen Gesellschaft** verknüpft. Deshalb vertreten vor allem bürgerliche Gruppen nationale Ideen. Zu ihnen gehören:
- Studenten und einige Professoren, die meist aus der Schicht des Groß- und Bildungsbürgertums hervorgingen. Sie organisierten sich in Burschenschaften und waren oft radikal;
- die meist aus kleinbürgerlichen Schichten stammenden Republikaner und Frühsozialisten bildeten anfänglich die kleinste Gruppe. Sie waren in kleinen Klubs und Zirkeln organisiert und dachten radikal;

Bürgerverein 1840

- gemäßigter zeigte sich die gebildete und begüterte bürgerliche Oberschicht, die zahlreiche liberale Zirkel und Vereine gegründet hatte, in denen sie ihre Ideen wach hielten und weiterentwickelten.

Forderungen des Nationalismus im Vormärz
- Ein einheitlicher deutscher Nationalstaat soll möglichst alle zum deutschen Sprach- und Kulturkreis gehörenden Menschen umfassen;
- die einzelnen Bevölkerungsgruppen bestimmen selbst, zu welcher Nation sie gehören wollen, oder ob sie einen eigenen Staat gründen wollen;
- das Prinzip der nationalen Selbstbestimmung ist auf alle Völker Europas anzuwenden.

vgl. Drittes Reich: „Ein Volk, ein Reich"

Viele deutsche Nationale sympathisierten mit der polnischen Nationalbewegung gegen die eigenen Regierungen.

Ziel der nationalen Bewegung
Die Völker Europas sollen in **freier Selbstbestimmung Nationalstaaten** bilden dürfen. Die Nationen sollen friedlich nebeneinander leben und die **Eigenheiten und Interessen der anderen Völker achten**. Dazu muss aber der in Wien wiederhergestellte Absolutismus der heiligen Allianz in Europa gebrochen werden.

Überlegenheit der eigenen Nation gegenüber den anderen Völkern (Nationalismus, Chauvinismus) war anfänglich nur bei wenigen Radikalen das Ziel des Nationalismus.

2.3 Folgen und Entwicklungen

Das Wartburgfest

Viele deutsche Studenten hatten während des Freiheitskrieges gegen Napoleon als Freiwillige gekämpft. Der starke Idealismus und Patriotismus, den sie dabei entwickelt hatten, wurde durch die Ergebnisse des Wiener Kongresses tief enttäuscht.
So entstanden an einigen Universitäten **ab 1815 patriotische Studentenvereinigungen**. **1817** trafen sich ca. 500 Mitglieder dieser so genannten Burschenschaften auf der **Wartburg** in Thüringen zu einer Gedenkfeier. Als Anlass diente den Veranstaltern die Dreihundertjahrfeier der Reformation und der Jahrestag der Völkerschlacht von Leipzig. Ziel der Veranstaltung war die Festigung der Einheit der Burschenschaften im Kampf um nationale Befreiung. Im Verlauf der Feier warf eine kleine Gruppe Schriften verhasster reaktionärer Autoren sowie einen Zopf und einen Korporalstock ins Feuer, als Symbole der obrigkeitshörigen Verwaltung und des verhassten Militärs. Diese symbolische Verbrennung schuf bei den Regierungen der deutschen Staaten Misstrauen gegenüber der akademischen Jugend und ihren Lehrern. Gleichzeitig entdeckte das liberale Bürgertum seine Sympathie für die zuvor ungeliebten Studenten.

Jena, Heidelberg, Gießen, Halle, Erlangen

Luther hatte auf der Wartburg das Neue Testament ins Deutsche übersetzt: Die Reformation galt bei vielen Nationalen als Schritt in Richtung der nationalen Einheit.

Gedacht als Wiederholung von Luthers Verbrennung der päpstlichen Bulle

2 Die Karlsbader Beschlüsse

Der Anlass – Die Ermordung August von Kotzebues

Im Jahr 1819 erdolchte der Student Karl Ludwig Sand den Schriftsteller August von Kotzebue. Kotzebue hatte sich bei den Burschenschaften durch seine spöttische Kritik an der studentischen nationalen Bewegung unbeliebt gemacht; außerdem war bekannt, dass er Berichte über die deutschen Zustände an den Zaren schrieb. Sand gehörte einer radikalen Gießener Studentengruppe an. Er wollte mit dieser Tat ein Signal setzen. Viele Liberale zeigten in der Öffentlichkeit für den Mord Verständnis, ja sogar Bewunderung.

Bei den restaurativen Regierungen, die in dem Mord nur die logische Fortsetzung der Ereignisse auf der Wartburg sahen, machte sich Entsetzen breit. Es kam zu Verhaftungen, Verhören und Bespitzelungen führender Liberaler. Zu ihnen gehörten z.B. Ludwig Jahn und Ernst Moritz Arndt.

Die Beschlüsse

Die Ermordung Kotzebues lieferte **Metternich** die Gelegenheit, **gegen die politische Opposition in Deutschland** vorzugehen. Er überredete den preußischen König Friedrich Wilhelm III. zu einem Programm zur Unterdrückung des innenpolitischen Widerstandes an Universitäten, in der Presse und innerhalb der Landtage. Die so genannte Demagogenverfolgung sollte sich auf das gesamte Territorium des deutschen Bundes erstrecken. Noch im selben Jahr einigten sich die Bundesstaaten in Karlsbad auf eine Liste von Beschlüssen:

- Einführung der Pressezensur und Kontrolle der Vereine;
- Entlassung der Hochschullehrer, deren Lehren als schädlich betrachtet wurden;
- Ernennung von Staatskommissaren an den Universitäten zur Überwachung der Vorlesungen;
- Verbot der Burschenschaften;
- Einsetzung einer Zentraluntersuchungskommission für politische Straftaten in Mainz.

Die Karlsbader Beschlüsse wurden in allen Bundesstaaten rigoros durchgeführt. Die Verfolgungen zeigten zumeist nur geringe direkte Ergebnisse. Einige jüngere Intellektuelle mussten sich im Ausland in Sicherheit bringen und einige Lehrer wurden entlassen. Von weit größerer Bedeutung war die indirekte Wirkung der Verfolgung auf die Opposition. Das Verbot und die Verfolgung der Burschenschaften beeinträchtigte die akademische Laufbahn vieler Studenten und die Bespitzelungen führten bei den Professoren zu einer unpolitischen Haltung. Die süddeutschen Landtage wurden durch die Karlsbader Beschlüsse zur Wirkungslosigkeit verurteilt. Durch die Kontrolle der Vereine wurde die Bildung von

August von Kotzebue
Der Führer der Gießener Gruppe, der Dozent Karl Follen, erklärte jedes Mittel für Recht, um die nationale Einheit zu erreichen.

Klemens Wenzel Fürst Metternich
Metternich an den preußischen Minister Hardenberg: „Ich hoffe, die deutsche Revolution zu schlagen, wie ich den Eroberer der Welt (Napoleon) geschlagen habe." [3]

z.B. Joseph Görres

Parteien verhindert und die Pressezensur machte eine Beeinflussung der öffentlichen Meinung vor den Wahlen für die Opposition unmöglich.
Das unabhängige politische Denken in Deutschland war zum Schweigen gebracht. Das Bürgertum zog sich in seinen privaten Lebensbereich zurück und überließ die Lösung der politischen und wirtschaftlichen Probleme den restaurativen monarchischen Regierungen.

Das Hambacher Fest

Das System der Karlsbader Beschlüsse erstickte bis 1830 die Opposition in Deutschland. Die Revolution in Frankreich führte jedoch in einigen kleineren deutschen Bundesstaaten zu Unruhen. Dort mussten die Landesfürsten dem Volk neue oder zumindest reformierte Verfassungen zugestehen.

Besondere Unruhe herrschte in der bayerischen Pfalz, da der König in München sich zunehmend verfassungsfeindlich zeigte. Dies traf die Pfälzer besonders, da sie 20 Jahre lang unter napoleonischer Herrschaft die Vorzüge eines verfassten liberalen Regimes kennen gelernt hatten. Die Verbindungen zum benachbarten Frankreich, insbesondere zu demokratischen Gruppen im Elsass, waren nach wie vor eng. **Die politischen Radikalen hatten sich organisiert** und beschlossen 1832, eine nationale Feier zum Jahrestag der bayerischen Verfassung abzuhalten. Obwohl politische Versammlungen verboten waren, kamen etwa 30 000 Menschen aus Süddeutschland und dem Elsass zusammen.

Die in Hambach gehaltenen Reden waren für damalige Verhältnisse in Deutschland sehr radikal. Die Fürsten wurden beschuldigt, die Teilung der deutschen Nation aufrechtzuerhalten. In den Reden wurde die Forderung nach Volkssouveränität und Demokratie gestellt. Im Vordergrund stand jedoch das **Verlangen nach nationaler Einheit**.

Die Versammlung hatte sich als Zeichen die schwarz-rot-goldenen Farben der Studentenverbindungen gewählt. Seitdem waren sie die Farben der demokratischen Bewegung in Deutschland. Das Hambacher Fest übertraf alle Erwartungen seiner Organisatoren, sowohl was die Zahl der Teilnehmer, als auch seine Wirkung in der Öffentlichkeit betraf. Deshalb leiteten die beunruhigten restaurativen Regierungen des Deutschen Bundes die Unterdrückung der neu erstarkten Opposition in die Wege.

Steckbrief gegen Georg Büchner

Julirevolution in Paris 1830

König Ludwig I. von Bayern regierte von 1825–1868. Sein anfangs liberales Regiment wurde stetig reaktionärer.

„Press- und Vaterlandsverein" unter Führung von J. G. A. Wirth und Philipp Siebenpfeiffer

Siebenpfeiffer: „Es lebe das freie, das einige Deutschland!... Hoch lebe jedes Volk, das seine Ketten bricht...!" [4]

Die Burschenschaften hatten diese Farben von den Uniformfarben des Lützowschen Freikorps abgeleitet, in dem viele Akademiker im Kampf gegen Napoleon als Freiwillige gedient hatten, darunter z. B. die Dichter J. v. Eichendorff und K. Th. Körner.

2

Der Frankfurter Wachensturm und die Reaktion der Fürsten

Nach der französischen Julirevolution hatten sich einige **Burschenschaften reaktiviert**. In der Hoffnung, es werde in Deutschland eine Revolution ausbrechen, versuchten einige dieser studentischen Gruppen, die Frankfurter Hauptwache zu stürmen, um anschließend den Bundestag zu besetzen. Das Vorhaben schlug jämmerlich fehl und bot Metternich den gewünschten Anlass, um gegen die Opposition loszuschlagen.

Schon 1832 hatte der deutsche Bund als Folge des Hambacher Festes die Zugeständnisse der süddeutschen Fürsten von 1830 wieder aufgehoben. **1834 beschlossen die deutschen Fürsten eine erneute Verschärfung des Kampfes gegen Liberale, Nationale und Demokraten**. Sie setzten eine neue Zentraluntersuchungskommission ein und es folgte eine Flut von Untersuchungen und Gerichtsaktionen.

Dennoch nahm die oppositionelle Bewegung an Bedeutung zu und der Deutsche Bund war für viele Deutsche nur noch Mittel der Reaktion, nicht mehr Garant deutscher Zusammengehörigkeit.

Wirth und Siebenpfeiffer kamen vor Gericht, der „Press- und Vaterlandsverein" wurde verboten.

Die Göttinger Sieben

In Hannover, weigerte sich der neue König **1837**, die landständische Verfassung anzuerkennen. Als der Monarch die hannoverschen Beamten ihres Eides auf die Verfassung entband, erklärten **sieben Göttinger Professoren** sich auch weiterhin an den Eid gebunden. Alle sieben wurden **sofort entlassen**. Drei von ihnen mussten das Königreich binnen drei Tagen verlassen.

Die Professoren **erwarben sich** dadurch bei der gesamten Opposition **in Deutschland Sympathien**. Das Bürgertum finanzierte die Gelehrten so lange, bis sie in anderen deutschen Staaten neue akademische Stellen gefunden hatten. Dennoch kam es in Hannover nicht zu Unruhen. Das Bürgertum zeigte sich letzten Endes gefügig.

Über den neuen König Ernst August von Hannover hatte eine englische Zeitung geschrieben, er habe in seinem Leben alle erdenklichen Verbrechen begangen – außer Selbstmord. [5]

Die Gebrüder Grimm, die Historiker Dahlmann und Gervinus, der Orientalist Ewald, der Jurist Albrecht und der Physiker Weber

Biedermeier und das Junge Deutschland

Die **allgemeine politische Enttäuschung, Hoffnungslosigkeit und Unfreiheit** des deutschen Bürgertums, mit der Folge des Rückzugs ins Private, fanden ihren kulturellen Niederschlag in der Epoche des **Biedermeier**. Sie war gekennzeichnet durch die Betonung des Gemüts und Weltschmerzes bis zum Lebensüberdruss (Romantik). Die Grundlagen der sozialen Beziehungen sind Häuslichkeit und Geselligkeit in Familie und Freundeskreis. Den konservativen

*„Schau, dort spaziert Herr Biedermeier,
Und seine Frau, den Sohn am Arm;
Sein Tritt ist sachte, wie auf Eiern,
Sein Wahlspruch: weder kalt noch warm.
Das ist ein Bürger hoch geachtet,*

Grundzug des Biedermeier beweist auch der Rückgriff auf die Traditionen der Aufklärung.

Nach dem Hambacher Fest hatten einige Schriftsteller der so genannten „jungdeutschen Schule" scharfe Kritik an den bestehenden politischen Verhältnissen geübt. Sie mussten als „subversive Elemente" aus Deutschland fliehen. Vom Ausland aus übten sie dennoch großen Einfluss auf die deutsche Kultur aus, allen voran **Georg Büchner**, **Heinrich Heine** und **Ludwig Börne**.

Der geistlich spricht und weltlich trachtet;
Er wohnt in jenem schönen Haus,
Und – leiht sein Geld auf Wucher aus." (der Demokrat Ludwig Pfau 1846)

Junges Deutschland: literarische Bewegung mit zeitkritischer Tendenz (etwa 1830-1850)

„Friede den Hütten, Krieg den Palästen" (Georg Büchner)

2.4 Das Zeitalter des Pauperismus

Die Zeit des Vormärz kennzeichnet **weit verbreitete Armut**.

Ursachen des Pauperismus

- Starke **Zunahme der Bevölkerung** durch
  - Beendigung der absolutistischen „Peuplierungspolitik";
  - medizinischen Fortschritt (Gesundheit und Lebensdauer);
  - ausbleibende Kriege (Frieden durch Wiener Kongress).
- **Landflucht** (Erwerbslosigkeit bei Bewegungsfreiheit).
- **Zunahme von Armut** durch Erwerbslosigkeit
  - ungenügendes Arbeitsangebot bei Bevölkerungszunahme;
  - Rationalisierung in der Landwirtschaft (adelige Großgüter);
  - Überangebot handwerklicher Arbeit (Gewerbefreiheit).

Pauperismus = allgemeine Armut

Folge liberaler Zugeständnisse im Kampf gegen Napoleon (Heiratsverbote, Ehefähigkeitszeugnisse u. ä.)

Die Bauernbefreiung macht kleine Bauern oft zu landlosen Taglöhnern.

Die Folgen des Pauperismus

- **Ernährungskrisen** wie etwa die Hungerkrise 1816/17, da:
  - die Führungseliten das Problem zuerst nicht erkannten;
  - absolutistische Hochzölle Lebensmittelimporte verhinderten;
  - die Straßensysteme unmodern und vernachlässigt waren;
  - die Einführung moderner Landwirtschaft zur Versorgungsverbesserung vom Grundbesitzeradel nur zögerlich betrieben wurde;
  - der Adel sich in Wucherei und Spekulation verstrickte.
- **Anwachsen der Städte** mit Folgeproblemen
  - Elendsviertel mit oft revolutionärem Lumpenproletariat;
  - neue soziale Aufgaben für die Städte.
- Entstehen **erster frühsozialistischer* Gedanken**
- Die deutschen Bundesstaaten gerieten unter Handlungsdruck:
  - Verbesserung der Verkehrswege und des Grenzverkehrs;
  - erste zaghafte Sozialgesetzgebung;
  - gezielte Förderung der Lebensmittelproduktion.

Ursache war möglicherweise ein Ausbruch des Südseevulkans Tambora.
Im trockeneren Osten Preußens war die Ernte besser ausgefallen, aber das Korn kam auf verschlammten Straßen zu spät in den Westen.

Die Händler hielten in Erwartung steigender Preise ihr Angebot zurück.
Erste Gesellenvereine

Das Militär setzte wegen des miserablen Gesundheitszustandes der Rekruten in Preußen 1828 das Verbot der Kinderarbeit durch.

Zusammenfassung: Die Zeit des Vormärz

Die Zeit vom Wiener Kongress bis zur Revolution 1848 wird als Vormärz bezeichnet. Sie war gekennzeichnet durch den Versuch des herrschenden Adels, seines Beamtenapparates und des Patriziats, das Rad der Geschichte zurückzudrehen und in die Epoche des aufgeklärten Absolutismus zurückzukehren.

Das Bürgertum hatte aber begriffen, dass ohne seine entscheidende Mitwirkung der Sieg über Napoleon nicht möglich gewesen war. Die jungen akademischen Bürgersöhne hatten sich in den Befreiungskriegen im Kriegshandwerk dem Adel ebenbürtig gezeigt und ein neues Selbstbewusstsein erlangt. Die Forderungen des bürgerlichen Liberalismus nach Teilhabe an der Macht im verfassten Rechtsstaat, nach Meinungs-, Bewegungs- und Handlungsfreiheit waren zwar durch die Karlsbader Beschlüsse unterdrückbar, aber nicht mehr auszulöschen.

Dazu kam der neue deutsche Nationalismus mit seinem Ruf nach Einheit des deutschen Volkes, der den Machtinteressen der partikularistischen Herrscher zuwider lief. Immer wieder kam es zu heftigen und lautstarken Kundgebungen der unterdrückten Bürgerschicht, sei es auf der Wartburg, auf dem Hambacher Schloss oder beim Sturm auf die Frankfurter Hauptwache.

Die Karlsbader Beschlüsse führten zumeist nicht zu Massenverhaftungen oder großen Aktionen von Polizei und Justiz. Dazu war die Zahl der Oppositionellen zu gering. Es waren zahlreiche Einzelaktionen gegen die schlecht organisierten Demokraten und Republikaner. Das Ziel lag mehr in der Einschüchterung als in der konsequenten Vernichtung der Opposition. Intensität und Konsequenz der Verfolgung waren außerdem sehr verschieden.

Der größte Teil des Bürgertums zog sich ins Private zurück. Die tiefe Enttäuschung über die vergeblichen Opfer der Befreiungskriege und die Wiederkehr der alten Tyrannei führte zur Flucht ins Träumerisch Irreale und zur Suche nach der heilen Welt in Familie, Freundeskreis und ästhetischen Zirkeln. Die neu geschaffenen kleinen Freiheitsräume im wirtschaftlichen Bereich erlaubten dem Wirtschaftsbürgertum einen verbesserten Lebensstandard. So entstehen die Voraussetzungen für das Biedermeier und die Romantik.

Allerdings störte die soziale Realität die Idylle. Der Vormärz ist eine Periode heftigster Armut für große Teile der Bevölkerung. Einer zunehmenden Verarmung, hervorgerufen durch Bevölkerungswachstum und Veränderung sozialer Strukturen (Verarmung durch Bauernbefreiung, Gewerbefreiheit), standen Unfähigkeit und Unwille der herrschenden Schichten gegenüber, eine tragfähige Sozialpolitik zu betreiben. Das Aufbegehren des Bürgertums und die materielle Not breiter Bevölkerungskreise bilden den Sprengsatz für die Ereignisse im Frühjahr 1848.

Es sollte aber nicht vergessen werden, dass die Mehrheit der deutschen Bevölkerung nach wie vor im ländlichen Milieu lebte, das von diesen Entwicklungen weitgehend ausgeschlossen blieb. Ein erheblicher Teil dieses Milieus war durch Aufhebung von Leibeigenschaft* und Lehensabhängigkeit* (Bauernbefreiung) zu Besitz gekommen und stand dem absolutistischen Staat durchaus positiv gegenüber.

Die Revolution von 1848 und die Folgen

3

Karikatur aus der satirischen Zeitschrift Kladderadatsch 1848

3.1 Voraussetzungen

Geistige Voraussetzungen

Die Aufklärung

Die **Naturrechtsphilosophie** der Aufklärung hatte im 18. Jahrhundert das Bild des Menschen gerade im gesellschaftlichen und politischen Bereich entscheidend verändert. Die Schriften der Philosophen wurden jetzt nicht nur mehr vom Adel, sondern auch vom vermögenden Bildungsbürgertum gelesen.

John Locke: „Two treatises of government" (1690); „Brief über die Toleranz" (1689)
Montesquieu: „Vom Geist der Gesetze" (1748)
Rousseau: „Contrat social" (1762)
Adam Smith: „Untersuchungen über die Natur und die Ursachen des Nationalreichtums" (1776)

Die Gedanken John Lockes (1632–1704), der die amerikanische Verfassung von 1776 beeinflusst hatte, Montesquieus (1689–1755), der zusammen mit Locke die französische Verfassung von 1791 prägte, Rousseaus (1712–1778), dessen Überlegungen die französischen Revolutionsverfassungen mitbestimmten, und Adam Smiths (1723–1790), des Vaters der klassischen Nationalökonomie*, der die liberalen Vorstellungen des Wirtschaftsbürgertums formte, waren **Grundbestandteile bürgerlicher Bildung** geworden.

Locke, Montesquieu, Rousseau

Die Naturrechtsphilosophen forderten die Unverletzlichkeit jeglicher Person und jeglichen Eigentums und die Rechtsgleichheit aller Menschen als naturgegebenen Rechtsanspruch. Staat und Herrschaft sind für sie nicht göttlichen Ursprungs, sondern Folge eines Gesellschaftsvertrags der Menschen. Deshalb ist der Herrscher den Staatsbürgern verantwortlich und seine Macht muss kontrolliert werden.

Gewaltenteilung und Parlamentarismus: Locke und Montesquieu

Die Staatsgewalten sind zur Kontrolle getrennt zu halten und die Rechte der Bürger als Schutz vor der Staatsgewalt in einer Verfassung niederzulegen.

Hierin unterscheidet sich die Naturrechtsphilosophie Thomas Hobbes' von den oben genannten grundlegend: Er fordert die Konzentration der Gewalten beim Herrscher, gegen den es kein Widerstandsrecht gibt.

Der eigentliche Souverän des Staates ist das Volk, es besitzt das Recht auf Mitbestimmung, ja sogar das Recht, seine Staatsform selbst zu bestimmen (Volkssouveränität). Der Staat ist zur religiösen Toleranz verpflichtet. Das Naturrecht auf Eigentum und persönliche Selbstbestimmung verlangt den Rückzug des Staates aus der Wirtschaft, da für das ökonomische Handeln das Eigeninteresse des Einzelnen entscheidend ist.

Adam Smith

Die Menschenrechts- und Demokratiebestrebungen der Französischen Revolution

Schon zu Beginn der Französischen Revolution waren nach amerikanischem Vorbild die Menschenrechte in der „Declaration des droits de l'homme et du citoyen" (1789) formuliert worden. Diese Menschenrechtsdeklaration wurde der Verfassung von 1791 vorangestellt.

Vorbild war die so genannte „Virginia bill of rights" aus dem Jahre 1776.
Die englische Demokratie war Vorbild für Amerikaner und Franzosen.

Damit hatte die Revolution die Forderung nach allgemein gültigen Menschenrechten durch das europäische Bürgertum eingeleitet. Die Anerkennung staatsbürgerlicher Gleichheit, individueller Freiheit und der Sicherheit vor staatlicher Willkür wurde in den Nachfolgeverfassungen Europas vom französischen Vorbild übernommen. Das Vorbild der revolutionären französischen Demokratie, die Arbeit der Volksvertretungen in Frankreich und die kommunale Selbstverwaltung hatten die Funktionsfähigkeit demokratischer Einrichtungen bewiesen. Die Siege der französischen Revolutionsarmeen brachten diese demokratischen Einrichtungen auch nach Deutschland und ein großer Teil des westdeutschen Bürgertums lernte die Gemeindeselbstverwaltung und andere Mitbestimmungsrechte kennen und schätzen. Der **größte Teil des liberalen Besitz- und Bildungsbürgertums** lehnte jedoch die **völlige Verwirklichung von politischer Gleichheit und Demokratie**, nämlich Wahlgleichheit und republikanische Verfassung, als **zu radikal** ab.

Vor allem nach Baden, Württemberg und der Pfalz; auch in den preußischen Rheinprovinzen waren die Vorzüge der französischen Verfassung und der darin festgelegten Selbstbestimmungsrechte nicht vergessen, was den entschiedenen Widerstand der absolutistischen preußischen Verwaltung hervorrief.

Liberale Bestrebungen in Deutschland

Die Wurzeln des deutschen Liberalismus lagen
- im Vorbild der Französischen Revolution;
- in den Erfahrungen mit der liberalen französischen Verwaltung in den besetzten deutschen Gebieten der revolutionären und napoleonischen Ära (1795–1815);
- in den liberalen Reformen der Befreiungskriege und den liberalen Bestrebungen der gebildeten bürgerlichen Beamtenschaft;
- in der Organisation bürgerlicher, liberaler Zirkel und Vereine;
- in der Emanzipation des Bürgertums von der wirtschaftlichen Bevormundung durch den Staat.

Forderungen: Parlament, Gewaltenteilung, Rechtsstaat, Verfassung, Freiheits- und Unverletzlichkeitsrechte

Der Gedanke der nationalen Einheit Deutschlands

Der **nationale Gedanke in Deutschland** hatte sich entwickelt aus:
- dem Vorbild des französischen revolutionären Nationalismus;
- dem gemeinsamen Befreiungskrieg gegen Napoleon;
- der Verbindung von Liberalismus und nationalem Gedanken;
- Pflege des Nationalgedankens in Burschenschaften und Vereinen;
- der Entwicklung nationaler Tendenzen in Geisteswissenschaften und Literatur (Romantik);
- der Organisation eines gemeinsamen deutschen Wirtschaftsraumes (Zollverein);
- der Förderung durch preußische Nationalisten die glaubten, auf dem Weg über den deutschen Nationalstaat die Hegemonie Preußens über den Rest der deutschen Staaten erringen zu können;
- der allgemeinen nationalen Strömung in Europa (griechischer Freiheitskampf, polnischer und italienischer Nationalismus).

Die Liberalen glaubten, Freiheit und Selbstbestimmung eines Volkes seien nur im Rahmen des Nationalstaates zu verwirklichen.

Arndt, Körner, Börne, Heine; unter den Wissenschaftlern vor allem Philosophen, Juristen und Historiker

Derartige Überlegungen hatten schon Stein und Hardenberg angestellt.

3 Politische Voraussetzungen

Der Druck der Reaktion
Seit dem Hambacher Fest 1832 versuchte die absolutistische Reaktion verstärkt, mit den Mitteln der Staatsgewalt liberale, nationale und demokratische Bestrebungen zu unterdrücken. Zensur, politische Gerichtsverfahren mit harten Urteilen, Berufsverbote, Ausweisungen, polizeiliche Verfolgung und Bespitzelung, die Überwachung der Universitäten und Vereine und das Verbot der Burschenschaften verärgerten das Bürgertum zunehmend und verstärkten dessen Enttäuschung über das Ausbleiben der Versprechungen des Wiener Kongresses. In Österreich und Preußen war das Verfassungsversprechen von 1815 noch immer nicht eingelöst. Viele Fürsten von verfassten Klein- und Mittelstaaten kümmerten sich einfach nicht um die Verfassungsschranken. Im preußischen Rheinland wehrte sich das katholische Bürgertum gegen den Verlust alter, aus französischer Besatzungszeit stammender Mitbestimmungsrechte und religiöse Intoleranz der preußischen Verwaltungsbeamten.

Beispielsweise waren die beiden badischen liberalen Professoren v. Rotteck und Welcker beim Bürgertum in ganz Deutschland regelrecht zu Märtyrern geworden, nachdem sie 1832 Lehrverbot erteilt bekommen hatten.

z.B. die Könige in Hannover und Bayern

Zunahme der politischen Organisation in Deutschland
Ab 1840 entstanden in Deutschland immer mehr bürgerliche politische Zirkel und Vereine, das Interesse der Öffentlichkeit an der Politik nahm zu. Außerdem führte die Bedrohung der Rheingrenze durch Frankreich im Jahr 1840 zur Aktivierung der nationalen Bewegung in Deutschland. Dennoch waren diese Klubs klein und bezogen auf heutige Verhältnisse selten. Politische Parteien im heutigen Sinn gab es noch nicht.

Die politischen Gruppen bildeten sich meist im Umfeld politischer Zeitungen: bei den gemäßigten Liberalen: Rheinische Zeitung; bei den radikalen Demokraten: Hallesche Jahrbücher für deutsche Literatur und Kunst; bei den Konservativen: Historisch-politische Blätter, Evangelische Kirchenzeitung und für den politischen Katholizismus die „Deutsche Zeitung".

Die Märzforderungen
Die so genannten Märzforderungen waren zuerst im Februar 1848 im süddeutschen Raum formuliert worden. Sie enthielten, wenn auch lokal verschieden formuliert, meist dieselben Postulate:
- Einführung neuer oder Reaktivierung „eingefrorener" Verfassungen;
- Garantie der Menschen- und Bürgerrechte; Abschaffung der Karlsbader Beschlüsse;
- Forderung nach politischer Mitbestimmung für weite Kreise der Bevölkerung (Minderung oder Aufhebung des Wahlzensus);
- Forderung nach mehr sozialer Gerechtigkeit, z.B. Recht auf Arbeit;
- Forderung nach Einheit der deutschen Nation.

Gesellschaftliche Voraussetzungen – Soziale Spannungen

Sie resultierten in erster Linie aus der Veränderung der Gesellschaftsstruktur. Diese wiederum wurde durch eine Reihe von Maßnahmen und Entwicklungsfaktoren ausgelöst, z. B. die Reformen in Preußen und den süddeutschen Staaten während der napoleonischen Ära:

- Die Bauernbefreiung von 1807 („Oktoberedikt") hatte für viele Bauern keinen Gewinn gebracht, da sie durch Entschädigungszahlungen an frühere Gutsherren entweder hoch verschuldet waren oder durch Überverschuldung und Abtretung (Ablösung) des Bodens ihren Hof ganz an die Grundherren verloren hatten.
- Die Einführung der Gewerbefreiheit führte zu erhöhter Konkurrenz im handwerklichen Bereich. Die Preise für gewerbliche Produkte sanken, die Zahl der Betriebe nahm zu, während die Gewinnspannen im Handwerk zurückgingen.
- Bevölkerungszunahme: von 1800 bis 1850 nahm die Bevölkerung in Deutschland um 50% zu. Die Zahl der Arbeitsplätze in Landwirtschaft und Gewerbe stieg nicht im gleichen Verhältnis. Die Folge war Landflucht der Bauern in die Städte, wo sie auf Arbeit im gewerblichen Sektor* hofften. Das Überangebot an Arbeit führte seit der Mitte des Jahrhunderts zum Verfall der Löhne.
- Die Veränderung der sozialen Verhältnisse: Industrialisierung und Rationalisierung der Produktionsverhältnisse in Landwirtschaft und Gewerbe führten zur Zunahme der Lohnarbeit. Als neue soziale Schicht begann die Arbeiterklasse, das Proletariat, zu entstehen (Prozess der Proletarisierung). Da gleichzeitig die Löhne sehr niedrig waren und keine arbeitsrechtlichen Regelungen existierten, herrschte in Deutschland Massenarmut (Pauperismus).
- Mit dem Zuzug von Teilen der Landbevölkerung in die Städte zerbrach die traditionelle bäuerliche Großfamilie. Die neu entstehende städtische Kleinfamilie konnte aber den sozialen Schutz der großfamiliären Solidargemeinschaft nicht leisten. Dadurch verschlechterte sich für große Teile der Bevölkerung die soziale Lage noch mehr.
- 1846/47 kam es in Deutschland infolge von Missernten und der ohnehin stark angespannten Lage in der Agrarproduktion zu einer Hungerkrise, die zu örtlichen Unruhen führte. Darüber hinaus entstand die erste, durch den verstärkten Einsatz von Maschinen bedingte, soziale Krise in Deutschland, die Aufstände der schlesischen Weber, deren Heimarbeit mit der maschinellen Textilproduktion nicht mehr Schritt halten konnte.

Folgen:
- *Zwang zum Berufswechsel*
- *Zwang zur landwirtschaftlichen Selbstversorgung*
- *wachsende Arbeitszeit*
- *Frauen- und Kinderarbeit in wesentlich verstärkter Form*

1800	24,4 Mio
1820	26,3 Mio
1850	35,4 Mio

Bevölkerungswachstum 1800–1850

Folgen:
- *Frauen- und Kinderarbeit*
- *wachsende Arbeitszeit*
- *schlechte Arbeits-, Wohn- und Lebensbedingungen*
- *hohe Arbeitslosigkeit*

Etwa 50–60% der Menschen in Deutschland lebten vor der Revolution von 1848 an der Armutsgrenze. In Krisenzeiten kam es dann zu Massenelend.
In vielen Entwicklungsländern lässt sich heute derselbe Vorgang beobachten.
Erst ab 1880 übernimmt im Deutschen Reich der Staat die Aufgabe der Sozialfürsorge.
Die Lebenshaltungskosten stiegen von 1844–1847 um etwa 50%.
Der Dramatiker Gerhart Hauptmann beschreibt in dem Theaterstück „Die Weber" eindringlich die soziale Not und den Aufruhr der Weber.

3.2 Der Verlauf der Revolution

Die Revolution in Preußen

Friedrich Wilhelm IV.

Der König wurde von einer Gruppe von Ratgebern am Hof, der so genannten „Kamarilla", stark beeinflusst.

Friedrich Wilhelm IV. kam **1840** auf den preußischen Thron. Anfänglich hatten die Liberalen große Hoffnungen in ihn gesetzt, da er die Opfer der Demagogenverfolgungen entschädigt und in Königsberg in seiner Thronrede Entgegenkommen bezüglich der Frage nach einer Volksvertretung angedeutet hatte. Im Laufe der Zeit erwies sich aber, dass die Liberalen in Preußen den König missverstanden hatten. Der neue König dachte keineswegs liberal, sondern patriarchalisch-historisch. Der Hang Friedrich Wilhelms IV. zum Altdeutsch-Romantischen fand seinen Ausdruck im Versuch, das Volk mittels einer Ständekammer am Regiment teilhaben zu lassen. Die **1815 versprochene Verfassung wollte der König so wenig gewähren wie ein vom Volk gewähltes Parlament**.

Die **1847** vom preußischen Monarchen eingerichtete **ständische Volksvertretung**, der so genannte „Vereinigte Landtag", löste **bei den Liberalen Ablehnung** aus. Zum einen betrachteten sie diese Art von Vertretung als unvollkommen; zum andern hatte der „Vereinigte Landtag" neben dem Budgetrecht keine weiteren Befugnisse. Die neu gegründete Kammer besaß nicht einmal das Recht, regelmäßig zusammenzutreten (Periodizität), sondern wurde vom König einberufen, wann immer er wollte.

Der Ausbruch der Revolution in Berlin

Schon Ende Februar hatte es in Baden die ersten Aufstände nach französischem Vorbild gegeben.

Bei der ersten Einberufung des Vereinigten Landtages verweigerte dieser dem König eine Staatsanleihe. Der Landtag machte die Bewilligung der Gelder davon abhängig, dass er periodisch zusammentreten dürfe. Friedrich Wilhelm lehnte ab und **löste den Landtag wieder auf**. Als die Liberalen in Berlin daraufhin unruhig wurden, gab der auf Ausgleich bedachte Monarch nach, zumal er die Wirkung der in Paris ausgebrochenen bürgerlichen Revolution fürchtete. Er machte dem Bürgertum wesentliche Zugeständnisse:

- Aufhebung der Zensur;
- Wiedereinsetzung des „Vereinigten Landtages";
- Versprechen einer Verfassung für Preußen.

Die soziale Herkunft von 121 Toten:
94 Handwerker
14 Arbeiter
6 Diener
3 mittlere Beamte
1 Wirt
1 Kaufmann
1 Fabrikant
1 Beamtentochter
(insgesamt 3 Frauen)

Die gespannte Situation in Berlin schien bereinigt. Am 18. März kam es jedoch zu Massenversammlungen vor dem Berliner Schloss, als die Berliner dem König für sein Nachgeben danken wollten. Dabei lösten sich aus den Gewehren der nervösen Wachtruppen, die vor dem Schloss zusammengezogen worden waren, einige Schüsse. Schon in den Tagen zuvor hatte es in Berlin bei vereinzelten Zusammenstößen mit dem Militär Tote gegeben. Die

Berliner glaubten jetzt, der König habe sie verraten. Die Folge waren erbitterte und blutige Barrikaden*- und Straßenkämpfe zwischen Revolutionären aus allen Bevölkerungsschichten und der preußischen Armee, die noch immer fest in der Hand des Königs war. Es gab 143 Tote.

So genannte „Märzgefallene"

Das Einlenken des Königs
Die Unsicherheit Friedrich Wilhelms, der von dem Blutbad sehr betroffen war, kennzeichnet den weiteren Verlauf der Ereignisse in Preußen.
- 19.3. Proklamation „An meine lieben Berliner"; der König verspricht, die Truppen aus Berlin abzuziehen.
Öffentliche Ehrung gefallener Revolutionskämpfer, der so genannten Märzgefallenen, durch den König.
- 21.3. Umritt des Königs durch Berlin an der Spitze der Minister und Generäle mit schwarz-rot-goldener Armbinde als Zugeständnisse an die Nationalbewegung. In seinem Aufruf „An mein Volk und an die deutsche Nation" erklärt Friedrich Wilhelm IV: „Fortan geht Preußen in Deutschland auf." Es bildet sich aber schon eine adelige Gegenbewegung (Junkerparlament*, Gründung der konservativen „Kreuzzeitung").
- 28.3. Bildung eines liberalen Kabinetts.
- 22.5. Zusammentreten der aus allgemeinen und gleichen Wahlen hervorgegangenen verfassungsgebenden Versammlung.

„Das Abschiedswort des alten Absolutismus"[1]

Dennoch blieb Preußen bis zum Jahresende innenpolitisch instabil.

Die Revolution in Österreich

Politisch-ethnische Spannungen in der Donaumonarchie
Der österreichische Kanzler Metternich hatte die von ihm im Deutschen Bund durchgesetzte restaurative Politik in Österreich besonders gründlich betrieben. Der harte Druck von Polizei und Zensurapparat unterband nahezu jede oppositionelle Tätigkeit.
In Wien hatte die Arbeiterschaft aus den Vorstädten wegen der sozialen Missstände, unter denen sie zu leiden hatte, ein besonders starkes revolutionäres Bewusstsein entwickelt.
Gleichzeitig verschärfte sich der Nationalgedanke der nichtdeutschen Völker in der Donaumonarchie. Bürgertum, Arbeiter, Tschechen, Italiener und Ungarn waren zunehmend zur Revolution bereit.

Allerdings spielte auch in Wien die revolutionäre Studentenschaft eine wichtige Rolle.

Der Verlauf der Revolution in Österreich
Am 13. März kommt es in Wien zu Unruhen; Metternich wird vertrieben. Ein weiterer Aufstand im Mai führt zur Einrichtung eines verfassungsgebenden Reichstages und zur Beseitigung der Leibeigenschaft, soweit diese noch bestand. Gleichzeitig bricht unter

Damit bricht das „System Mitternacht", wie die liberalen Kritiker die Kanzlerschaft Metternichs bezeichneten, zusammen. Nachfolger Metternichs wird Fürst Schwarzenberg.

den anderen Völkern der Donaumonarchie die nationale Revolution aus:
- Den Pfingstaufstand in Prag wirft Feldmarschall Fürst Windischgrätz nieder.
- Der Aufstand in Oberitalien hat zwar anfänglich Erfolg (Venedig ruft die Republik aus), aber im Verlauf des Sommers 1848 gelingt es Feldmarschall Radetzki, die Italiener zu schlagen, und Mailand, das Zentrum des Aufstandes, zurückzuerobern.
- Der ungarische Aufstand wird erst 1849 durch einen russisch-österreichischen Zangenangriff niedergeworfen.

Die Führer des Aufstandes werden erschossen.

- Den großen Oktoberaufstand in Wien, der den Hof zwingt, nach Olmütz zu fliehen, wirft Windischgrätz blutig nieder.

Auswirkungen und Ergebnisse

Mit dem Sturz Metternichs ging die **Ära der Restauration auch in Österreich zu Ende**. Nur die Armee konnte die Donaumonarchie gegen die demokratische und nationale Bewegung retten. Für Österreich wurde die Integration der verschiedenen Völker zum politischen Hauptproblem. Die Regierung Schwarzenberg verschärfte den Kurs Metternichs noch durch ihr rigoroses Vorgehen gegen politische Gegner und gegen die auf Verwirklichung ihrer nationalen Ansprüche drängenden Völker der Donaumonarchie. Damit „belastete er den Staat mit der Hypothek* permanenter Auseinandersetzungen, an denen er schließlich zugrunde gehen sollte"[2].

Die Revolution in den Klein- und Mittelstaaten

Die Voraussetzungen

- In den meisten dieser Staaten waren liberalere Traditionen als in Preußen und Österreich wirksam und damit auch eine größere Empfindlichkeit gegen Übergriffe der Regierung vorhanden;

Diese Wirkung war vor allem in Baden und der bayerischen Pfalz spürbar.

- bei den süddeutschen Staaten spielte die Nähe zum moderner verfassten Frankreich eine Rolle.

Der Verlauf

Mannheimer Petition am 27. Februar 1848

Schon im Februar formulierte man die „Märzforderungen" in Baden. Hier zeigten sich schon zu Beginn der Revolution **Spaltungstendenzen** zwischen den dort zahlreichen **radikalen**, demokratischen Republikanern und den **bürgerlich-gemäßigten** liberalen **Oppositionellen**. Es kam zu Bauernunruhen in einigen Staaten gegen die aristokratischen Großgrundbesitzer.

Provisorische Regierung, Marsch von revolutionären Bataillonen durch Südbaden.

Nachdem die Durchsetzung republikanisch-demokratischer Forderungen im Frankfurter Vorparlament vereitelt war, versuchten badische Radikale (Hecker und Struve), revolutionäre Gewalt anzuwenden, wurden aber von süddeutschen Truppen mühelos geschlagen.

Die Regierungen der Klein- und Mittelstaaten „ergaben" sich schnell dem Druck der Öffentlichkeit. Es entstanden liberale Kabinette, die „eingefrorenen" Verfassungen traten wieder in Kraft.

In Bayern richtete sich der Volkszorn vor allem gegen das selbstherrliche Regiment des Königs Ludwigs I., der zuließ, dass sich seine Geliebte, die Tänzerin Lola Montez, in die Politik einmischte.

Nach der Ablehnung der Frankfurter Verfassung durch die Regierungen im Mai 1849 und der Auflösung des Paulskirchenparlaments fanden radikale Aufstände vor allem in Sachsen, im Rheinland, in der Pfalz und in Württemberg statt. Die badische Armee lief zum größten Teil zu den badischen Aufständischen über, der Großherzog flüchtete. Die aus der badischen Armee und Revolutionären gebildete Truppe konnte erst von einem preußischen Korps unter Kronprinz Wilhelm nach schweren Kämpfen niedergeworfen werden. Anschließend gingen preußische Standgerichte mit drakonischen Strafen (Erschießungen) gegen die badischen Revolutionäre vor.

Vor allem fanden die Revolutionäre zu wenig Rückhalt in der Bevölkerung.

Ludwig I. dankt ab, Lola Montez wird vertrieben.

Organisation der Opposition im „Zentralmärzverein" seit Oktober 1848 in ganz Deutschland etwa 20 000 Mann

Die rechtswidrigen Militärgerichtsverfahren (zuständig war die badische Gerichtsbarkeit), zusammen mit dem rücksichtslosen Vorgehen gegen die Zivilbevölkerung brachten Wilhelm den Beinamen „Kartätschenprinz" ein.

Das Ergebnis

In den deutschen Klein- und Mittelstaaten verlief die Revolution **anfangs erfolgreich**. Durch das Paktieren des liberalen Besitzbürgertums mit den alten Mächten gegen die Radikalen, die in den Kleinstaaten zahlreicher waren als in den beiden deutschen Mächten, verlor die Revolution an Kraft. **Die Reaktion setzte sich genau wie in Preußen und Österreich durch**.

3.3 Die Erfolge der deutschen Revolution 1848

- **Liberale Kabinette**: In den deutschen Staaten werden die liberalen Oppositionsführer Regierungschefs.
- **Verfassungsrechtliche Zugeständnisse** und Veränderungen: Wiedereinführung, Revisionen und Verbesserungen der Verfassungen in den Mittel- und Kleinstaaten; Einrichtung verfassunggebender Versammlungen in Österreich und Preußen.
- **Liberale Zugeständnisse**: Aufhebung der Gesetzgebung der Karlsbader Beschlüsse; zugunsten des Besitzbürgertums Aufhebung ständischer und feudaler* Wirtschaftsprivilegien.
- **Politisierung der Öffentlichkeit**: Weckung des politischen Bewusstseins breiter Schichten der Bevölkerung, die Probleme der deutschen Verfassungsdiskussion und der nationalen Einheit blieben nachhaltig in der deutschen Bevölkerung verankert.

*in Baden: Karl Mathy
in Württemberg: Paul Pfizer
in Hessen-Darmstadt: H. v. Gagern
in Hannover: Johann Stüve*

Dennoch waren das **nur Anfangserfolge**. Wenige Monate später hatte sich die Reaktion bereits wieder durchgesetzt. Regierungen und Monarchen stellten die früheren Verhältnisse schnell wieder her.

3.4 Die Ursachen des Scheiterns der Revolution 1848

Revolution ohne Mehrheit?

Die bäuerliche Bevölkerung hatte andere Interessen als Akademiker, Beamte, Besitzbürgertum, Handwerk und Stadtproletariat. Die bürgerliche Revolution ging an den Bauern vorbei. Die wehrpflichtigen preußischen Bauernsöhne blieben zuverlässige Soldaten im Kampf gegen die Revolutionäre.

Anders als die Revolution 1789 in Frankreich veränderte die Revolution in Deutschland die Verhältnisse nicht. Dies hatte zum einen den Grund, dass die sozialen Spannungen in Deutschland nicht so erheblich waren wie in Frankreich vor der Revolution. Daher besaß die Revolution in Deutschland weniger politische Sprengkraft.

Als weitere Gründe sind zu nennen:
- Das ausgebeutete **Industrieproletariat** war entsprechend dem geringen Industrialisierungsgrad Deutschlands noch **gering**;
- die **Mehrheit der Bevölkerung war auf dem Land ansässig** und von den revolutionären Ereignissen in den Städten weniger berührt;
- das Jahr 1848 war kein Hungerjahr wie die vorherigen Jahre.

Revolution ohne Revolutionäre?

Das Großbürgertum wollte Reformen, keine Revolution.

Nach der Revolution kam es allmählich zum Bündnis des Adels mit dem industriellen Wirtschaftsbürgertum, das sich seinerseits vom Bildungsbürgertum distanzierte. „Das Bürgertum wollte möglichst schnell eine neue Legitimität finden." [3]

- Die **liberale Mehrheit** des deutschen Bürgertums wollte gar **keine radikalen Veränderungen**;
- Dynastien, Beamtenapparat und Offizierskorps, also die Träger des Absolutismus, sollten nach der Revolution erhalten bleiben;
- die Revolution blieb, nachdem das Bürgertum Angst vor dem Druck der Straße bekam, „vor den Thronen stehen". Dem Bürgertum war die **Freiheit des Eigentums wichtiger, als politische Freiheit** und Selbstbestimmung.

Revolution ohne Ziel?

Holborn: „Zentrifugale Tendenzen der deutschen Mittelklasse…" [4]

- Schon vor der Revolution zeichnete sich eine Spaltung der Liberalen in radikale Demokraten und gemäßigte Liberale ab;

- in der Frage, wie groß die Nation sein und welche Ordnung sie besitzen solle, gab es bei allem Nationalismus kein Einvernehmen;
- die Zeit, die deshalb die Nationalversammlung in endlosen Debatten verlor, nutzte die Reaktion umso besser.

Revolution ohne Führung?

- Anders als Frankreich hatte Deutschland **keinen zentralen Ort**, um dort den Sieg der Revolution durchzusetzen. Die Revolution fand in jedem Land getrennt statt: Die Aufstände in Wiens Elendsvierteln, die Berliner Barrikadenkämpfe oder Heckers Revolutionskrieg in Baden waren Einzelereignisse verschiedenen Charakters;
- **kein deutscher Staat übernahm** im Verlauf der Revolution eine unbestrittene **Führungsrolle**;
- **keiner der revolutionären Führer** oder Sprecher vermochte sich in ganz Deutschland **an die Spitze der Bewegung** zu stellen. Die nationalen Egoismen innerhalb der Einzelstaaten waren zu stark; Preußen und Österreich trieben nach wie vor europäische Großmachtpolitik gegeneinander (Dualismus);
- der „provisorischen Zentralgewalt" der Paulskirche fehlten Machtmittel, um ihre Beschlüsse durchzusetzen.

3.5 Die Folgen des Scheiterns der Revolution 1848

Das Scheitern der Revolution erzeugte beim deutschen Bürgertum **Resignation und Erstarrung**.
- Die bürgerlichen Liberalen wenden sich der **„Realpolitik"** zu.
- Der **Einheitsgedanke** gewinnt Vorrang gegenüber den Forderungen nach Freiheit und Selbstbestimmung.
- Aber auch die deutsche Einheit versucht das Bürgertum nicht mehr aus eigener Kraft zu erreichen, vielmehr im Bündnis mit den feudalen Regierungen Deutschlands.
- Das Besitzbürgertum paktiert mit dem absolutistischen Staat aus **Angst vor dem** stärker und selbstbewusster werdenden **Proletariat**.
- Die Regierungen lassen den Bürgern weitgehende wirtschaftliche Freiheit, die das Bürgertum bindet und von der Politik ablenkt.
- Zugleich ziehen sich große Teile des Bürgertums, wie schon zuvor, wieder in ihren privaten Bereich zurück.

Der Historiker Droysen Ende 1848: „Die Wirklichkeiten begannen über die Ideale, die Interessen über die Abstraktionen zu siegen. Der Blick ernüchterte sich."

„Das Gespenst des Kommunismus" (Karl Marx im kommunistischen Manifest 1848)

Dennoch war die Revolution von **großer Bedeutung für die deutsche Geschichte**, denn sie etablierte die **erste gesamtdeutsche Verfassung** und beendete das System der Restauration. Viele liberale Märzzugeständnisse, vor allem für das Großbürgertum, blieben erhalten.

In Deutschland entstanden erste politische Parteien.

3.6 Die Bewertung der deutschen Revolution 1848

Die Revolution 1848 wird unter Historikern kontrovers beurteilt. Bekannt ist die kritische Charakterisierung der Revolution von 1848 durch den Historiker Rudolf Stadelmann:

„Ist das überhaupt eine Revolution gewesen, was sich vom März 1848 bis zum Juni 1849 in Deutschland abgespielt hat und aus den Bahnen der Loyalität nie herausgefunden, den Weg der Gewalt weder äußerlich noch innerlich gewagt hat? […] Diese Revolution des pustenden und schwitzenden Spießbürgers, der sich mit Dolchen und Schärpen behängt und seine Stammtischbegeisterung auf die Straße trägt, dieser Aufstand des kleinen Mannes, der seine angeborene Devotion und Unterwürfigkeit nicht ablegen und seine tiefe Unkenntnis des Wesens der Macht nicht verbergen kann, entbehrt der leidenschaftlichen Größe und schicksalhaften Unwiderstehlichkeit eines historischen Gewitters." [5]

3.7 Die Frankfurter Nationalversammlung

Die Nationalversammlung in der Frankfurter Paulskirche war das erste frei gewählte Parlament, das Vertreter der gesamten deutschen Nation umfasste. Die von ihm geschaffene Verfassung hatte auf die deutsche Verfassungsgeschichte großen Einfluss.

Das Vorparlament

Die Erfolge der Märzrevolution führten dazu, dass ein schon am 5. März in Heidelberg zusammengetretener Ausschuss von vornehmlich süddeutschen Vertretern der Demokraten und Liberalen einen Siebener-Ausschuss wählte, der Ende März ein Vorparlament nach Frankfurt einberief. Das ohne Wahl berufene provisorische Parlament leitete Wahlen zur verfassunggebenden Nationalversammlung ein, ohne den Verlauf der Revolutionsereignisse abzuwarten.

Im Vorparlament und dem von ihm berufenen Fünfziger-Ausschuss kam es zwischen gemäßigten Liberalen und radikalen Demokraten zu ersten Auseinandersetzungen, als die Radikalen unter der Führung der südwestdeutschen Abgeordneten Hecker und Struve versuchten, schon jetzt die Republik auszurufen und das Vorparlament zur legitimen Volksvertretung zu erklären. Die gemäßigten Liberalen konnten sich jedoch mit großer Mehrheit durchsetzen, die Frage der deutschen Einheit zusammen mit den deutschen Monarchen zu klären. Damit war eine **Vorentscheidung für das monarchische Prinzip** gefallen, das die gemäßigten Liberalen aus Angst vor der „Straße" erhalten wollten.

Die Konstituierung*

Am **1. Mai 1848** wurde die **Frankfurter Nationalversammlung** in allen Staaten des deutschen Bundes gewählt. Die Wahl der einzelnen Abgeordneten erfolgte nach den Grundsätzen der Persönlichkeitswahl, d. h. sie war frei, gleich, unmittelbar und geheim.
Am **18. Mai** wurde die Nationalversammlung **feierlich eröffnet**. Unter den 830 Abgeordneten (mit Stellvertretern) befanden sich zahlreiche angesehene und bekannte Persönlichkeiten. Zum Präsidenten der Versammlung wurde **Heinrich von Gagern** gewählt, ein allgemein angesehener Liberaler, der an den Freiheitskriegen teilgenommen hatte und aktiver Burschenschaftler gewesen war. Die Zahl der wirklich in Frankfurt anwesenden Abgeordneten schwankte zwischen 300 und 500. Dies lag daran, dass die Abgeordneten anderweitigen Verpflichtungen nachzukommen hatten und Reisen sehr beschwerlich waren.
Die Abgeordneten fanden sich in lockeren Gruppen zusammen, die nach dem jeweiligen Tagungsort benannt waren. Im Parlament saßen die Abgeordneten wie im französischen Parlament seit 1814 je nach politischer Einstellung auf einer bestimmten Seite (vom Präsidenten aus gesehen):
Konservative (Rechte) ca. 40 Abgeordnete
Gemäßigte Liberale (Rechte) ca. 120 Abgeordnete
Liberale (Rechtes Zentrum) ca. 40 Abgeordnete
Fortschrittliche Liberale (Linkes Zentrum) ca. 130 Abgeordnete
Gemäßigte Demokraten (Linke) ca. 55 Abgeordnete
Radikaldemokraten (Linke) ca. 50 Abgeordnete
Gesamt: ca. 435 Abgeordnete

Daneben existierte eine **sehr große Zahl von fraktionslosen* Abgeordneten**, die nicht bereit waren, sich zu organisieren und damit festzulegen.

Verteilung der fraktionsgebundenen Abgeordneten in der dt. Nationalversammlung 1848

Die Zusammensetzung des Parlaments – Das Honoratiorenparlament

1848 gab es noch keine organisierten Parteien. Die Opposition arbeitete in kleinen Zirkeln und Clubs. Diese waren zwar zahlreich, standen aber aufgrund der noch schlecht entwickelten Verkehrsstruktur und der staatlichen Zersplitterung in Deutschland untereinander nur selten in enger Verbindung. Deshalb mussten die Wähler auf Männer zurückgreifen, die ohne Schulung oder Programme in der Lage waren, politische Verhältnisse zu erfassen und zu formulieren. Die bekannten Vertreter der Opposition gegen die restaurative Politik waren zumeist Angehörige des Bildungsbürgertums, vor allem Juristen und Professoren. Aus diesen Wahlvoraussetzungen ergab sich in der Nationalversammlung folgende Zusammensetzung:

- **Zwei Drittel der Abgeordneten** gehörten dem **akademischen Bürgertum** an, insbesondere Juristen, Beamte und Lehrer.
- Grundbesitzeradel und Besitzbürgertum stellten etwa ein Siebtel der Parlamentarier.
- Arbeiter und Handwerker waren so gut wie nicht vertreten.

Entsprechend dieser Zusammensetzung nach sozialen Schichten besaßen die **bürgerlichen Liberalen** im Parlament **eine große Mehrheit**. Die radikaleren Demokraten waren im Vergleich zu vorherigen Versammlungen verhältnismäßig gering beteiligt.

Das „Professoren- und Honoratiorenparlament" der Paulskirche spiegelte die soziale Zusammensetzung des deutschen Volkes zwar in keiner Weise wider, aber es garantierte in der Nationalversammlung politische Arbeit auf hohem intellektuellem Niveau. Das brachte aber die Gefahr mit sich, nach akademischer Tradition „über den Wolken zu schweben".

Die Beteiligung der deutschen Staaten

Die Regierungen der deutschen Staaten hatten der Konstituierung der Nationalversammlung auf Grund ihrer Schwäche während der revolutionären Ereignisse hilflos zuschauen müssen. Die Einzelstaatsregierungen hatten ihre Einwilligung zur Wahl und Einrichtung des Parlaments gegeben.

Mit der Festigung der Stellung der Monarchen zeigte sich aber schnell, dass die Regierungen nicht willens waren, mit dem Parlament zusammenzuarbeiten. So versuchten Preußen und Österreich, das Parlament in der Frage der nationalen Einigung aus egoistischem Interesse auszuspielen. Auch in allen Fragen der Schaffung einer gesamtdeutschen Zentralgewalt stieß die Nationalversammlung auf den **Widerstand der Regierungen**. Darüber hinaus zeigten die verfassunggebenden Versammlungen in den Einzelstaaten oft partikularistische Züge.

Die Hauptaufgaben der Nationalversammlung

Die Interessen und Ziele der Abgeordneten und der verschiedenen Gruppierungen bei der Erstellung der Verfassung waren sehr unterschiedlich. Als wichtigste Streitpunkte ergaben sich drei Hauptfragen.

Die Frage nach der Staatsform: Monarchie oder Republik – Einheits- oder Bundesstaat?

Der Wunsch der Demokraten nach der Republik wurde schon im Vorparlament von einer Mehrheit gemäßigter Liberaler abgewiesen. Dennoch kämpften die Republikaner weiter um den unitaristischen* republikanischen Staat und gegen föderalistische* Bestrebungen. Die gemäßigten Demokraten waren darin kompromissbereiter.

Die Liberalen traten für die nationale Einheit in Form eines Bundesstaates ein. Die Volksvertretung sollte auf die Legislative beschränkt sein. Sie hielten, wie die Konservativen, eine starke monarchische Zentralgewalt in Form eines erblichen Kaisertums für notwendig.

Die gemäßigten Konservativen wollten in der Verfassung möglichst viele monarchische und föderalistische Elemente erhalten wissen. Sie lehnten eine starke Zentralgewalt ab.

Die Frage nach der Nation: groß- oder kleindeutsch?

Die so genannte großdeutsche Lösung sah als Territorium des deutschen Nationalstaates das Gebiet des Deutschen Bundes vor. Daraus ergaben sich folgende Probleme:
- Österreich hätte nur zu einem Drittel zum deutschen Staat gehört, den Rest des Vielvölkerstaates hätte ein habsburgisches deutsches Kaiserhaus in Personalunion regieren müssen.

- Die polnisch sprechenden preußischen Ostprovinzen hätten zum deutschen Staatsgebiet gehört. Dies verstieß aber gegen das nationale Recht auf Selbstbestimmung, auf das die deutsche Einheitsbewegung selbst Anspruch erhob.

Deshalb trat die Nationalversammlung **zunehmend für die so genannte kleindeutsche Lösung** ein. Darunter wurde ein deutsches Erbkaisertum verstanden, das mit der preußischen Krone in Personalunion verbunden sein sollte. Die Donaumonarchie sollte mit einem „unauflöslichen Bündnis" abgefunden werden.

Vor allem die liberale Mehrheit sah darin am ehesten ihre Vorstellung von Nation als politischer Gemeinschaft mit Gleichheit von Volkstum, Sprache und Herkunft erfüllt. Die Entscheidung der Nationalversammlung für die kleindeutsche Lösung war von heftigen Debatten in der Paulskirche begleitet:

- Der Vorteil der kleindeutschen Entscheidung lag in der leichteren Realisierbarkeit, weil sie den preußisch-österreichischen Dualismus innerhalb des neuen Staates ausschloss und das Konzept in ideologischer* Übereinstimmung mit der nationalen Idee stand.
- Die Nachteile waren zum einen die **Feindschaft Österreichs** gegenüber der Nationalversammlung, die damit endete, dass Österreich seine Abgeordneten aus Frankfurt abzog, und zum anderen das Problem der Zugehörigkeit der preußischen Ostprovinzen mit polnischer Bevölkerung zum deutschen Staat. Hier setzte sich der nationale Egoismus durch.

Die Frage nach dem Wahlrecht: Allgemeine Wahl oder Zensuswahl?

Der demokratische Flügel der Paulskirchenversammlung legte auf die Durchsetzung des **gleichen Wahlrechts für alle Bürger** besonderen Wert. Das liberale Bürgertum hingegen trat für das Zensuswahlrecht ein, demzufolge das Recht auf Mitwirkung am Staat mit der Steuerleistung des Einzelnen für den Staat verbunden ist.

Die Demokraten setzten sich zusammen mit den linken Liberalen in dieser Frage schließlich durch.

Die Schwächen der Nationalversammlung

Neben die großen konzeptiven Probleme traten Erschwernisse aus dem politischen und sozialen Umfeld der Abgeordneten.

Die geringe politische Erfahrung der Abgeordneten

Viele der Abgeordneten der Nationalversammlung waren sehr eifrig, fleißig und intellektuell befähigt, besaßen aber **keinen Blick für die tatsächlich vorhandenen politischen Möglichkeiten** und Situationen. Viele Abgeordnete bemerkten überhaupt nicht, in welchem Ausmaß die Reaktion die Macht zurückgewann. Die Liberalen fürchteten eher eine Revolution der radikalen Demokraten.

Die Tatsache, dass Österreich im Falle der angestrebten kleindeutschen Lösung den Machtgewinn Preußens nicht zulassen konnte und die anderen Mächte Europas aus demselben Grund intervenieren könnten, wurde entweder verniedlicht oder mit Kriegseuphorie beantwortet.

Vor allem **außenpolitisch** verscherzte sich die Nationalversammlung durch ihren **heftigen Nationalismus** alle ursprünglich vorhandenen Sympathien. Frankreich fürchtete um seine deutschsprachigen Gebiete und der Konflikt um Schleswig-Holstein ließ auch die Sympathie der Engländer schwinden; so wie auch die polnische Nationalbewegung zunehmend misstrauisch wurde, je mehr die Nationalversammlung sich an Preußen als deutscher Vormacht anlehnte.

Mangel an Kompromissfähigkeit

Vor allem die demokratische Linke verlor angesichts der zunehmenden Annäherung des liberalen Besitz- und Bildungsbürgertums an die Regierungen das Vertrauen in die Liberalen. Selbst der hoch angesehene liberale Präsident von Gagern wurde jetzt von den Demokraten heftig attackiert. Unfähigkeit zum Kompromiss innerhalb der einzelnen Gruppierungen führte zu Abspaltungen und Neugruppierungen, so dass **von keiner Seite ein stabiles politisches Programm** zu Stande kam.

Mängel des parlamentarischen Instrumentariums

Schon die hohe Zahl der fraktionslosen Abgeordneten lässt erkennen, wie wenig die Organisation der politischen Arbeit gefestigt war:

- **Es fehlten Parteien** mit Organisation oder Programm;
- es gab keine festen Fraktionen, deren Rechte oder Pflichten festgelegt gewesen wären;
- der Parlamentsbetrieb und die Geschäftsordnung wirkten anfangs unfertig, da viele Abgeordnete nur geringe parlamentarische Erfahrungen besaßen.

Fast die Hälfte der Abgeordneten legte sich nicht fest.

Die Unfähigkeit, Beschlüsse durchzusetzen, gab das Parlament der Lächerlichkeit preis. Gagern hatte sofort versucht, dem Parlament in irgendeiner Weise eine Exekutive zu geben, indem er die Schaffung einer **„Zentralgewalt"** durchsetzte. Die Form dieser provisorischen Regierung konnte für das Verfassungswerk vorentscheidend sein. Zwar hatte Gagern den Streit um das Amt des Regierungschefs schnell beenden können, indem er die Wahl des Erzherzogs Johann von Österreich zum Reichsverweser durchsetzte, aber **die Reichsexekutive besaß weder Verwaltung noch Exekutionsmittel.**

3

Das Scheitern der Paulskirche und die Ursachen

Auf Grund der nahezu unlösbaren Probleme und der zahlreichen Schwächen, die dem ersten deutschen Parlament anhafteten, war das Scheitern vorprogrammiert. Die wichtigsten Ziele konnten nicht oder nicht zufriedenstellend realisiert werden.

Die fehlende Zentralgewalt

Die Frankfurter Abgeordneten erkannten schnell, dass das Parlament, um handlungsfähig zu sein, über eine Exekutive verfügen musste. Aber das neu gegründete Reichsministerium war ohne Einfluss

- Es besaß **keinen Verwaltungsapparat**, der sich in den Einzelstaaten hätte durchsetzen können;
- es war finanziell über die „Reichsmatrikularbeiträge*" **von den Einzelstaaten abhängig**;
- es besaß weder das Kommando über die Reichstruppen, noch das Recht auf alleinige Wahrnehmung der außenpolitischen Interessen Deutschlands;
- **weder von den deutschen Staaten noch vom Ausland** wurde die Zentralgewalt **anerkannt**.

Die gesamtdeutsche Exekutive erwies sich als Wunschbild. Tatsächlich waren die Regierungen der Einzelstaaten des Deutschen Bundes nicht bereit, die oberste Autorität der neu geschaffenen deutschen Bundesregierung anzuerkennen.

Das Problem großdeutsch-kleindeutsch

Die alte Frage, die einst Ernst Moritz Arndt in seinem Lied aus den Befreiungskriegen gestellt hatte: „Was ist des Deutschen Vaterland?", blieb ungelöst:

- Die österreichische Regierung dachte nicht daran, der Forderung der Paulskirche nach einem Regiment über die nicht deutschen Teile Österreichs getrennt von den deutschsprachigen Teilen nachzugeben;
- die Nationalversammlung akzeptierte außerdem das nationale Selbstbestimmungsrecht etlicher Volksminderheiten in Preußen und Südtirol nicht;
- hinter der letztlich vom Parlament angestrebten kleindeutschen Lösung stand bis zuletzt die Hoffnung, doch noch zu einer großdeutschen Alternative zu finden;
- durch die Entscheidung der Paulskirche, ein Deutschland unter Führung Preußens zu gründen, war die Großmacht Österreich herausgefordert, selbst um die Hegemonie in Mitteleuropa zu kämpfen. **Das Ergebnis war der preußisch-österreichische Dualismus**, der von 1849 bis 1866 das Geschehen in Mitteleuropa prägte.

Die Verfassung ließ sich nicht durchsetzen
- Das Erstarken der verfassungsfeindlichen Reaktion verhinderte die Durchsetzung (Ablehnung der Kaiserkrone);
- die Nationalversammlung hatte bei der Beratung der Grundrechte* so viel Zeit verloren, dass die Verfassung erst vollendet war, als das Frankfurter Parlament bereits jede Autorität verloren hatte;
- die **aufgezwungenen Verfassungen**, die 1848 in den Einzelstaaten, vor allem Preußen und Österreich, erlassen wurden, konkurrierten auf partikularistischer Ebene mit der zentralen Reichsverfassung. Da diese Verfassungen aber von den Fürsten respektiert wurden und das alltägliche politische Leben der Bürger in den Einzelstaaten bestimmten, **erwiesen sie sich sehr schnell der Paulskirchenverfassung als überlegen**.

Die Bedeutung der Nationalversammlung für die deutsche Geschichte

Nach dem Scheitern der Revolution in den deutschen Einzelstaaten waren keine unmittelbaren Veränderungen eingetreten, die von der Nationalversammlung beeinflusst gewesen wären. Langfristig gesehen aber war die Arbeit der Nationalversammlung von außerordentlicher Bedeutung:
- Die **deutsche Einigung** hatte sich als unbestreitbarer **Wunsch der Mehrheit der Deutschen** erwiesen.
- Die Form des deutschen Einheitsstaates, ein kleindeutsches Reich als Bundesstaat unter preußischer Führung und als konstitutionelle Monarchie, war vorgezeichnet.
- Der liberale **Konstitutionalismus (Verfassungsbewegung) hatte endgültig gesiegt**. Eine absolutistische Fürstenherrschaft war nicht mehr möglich. Auch wenn die folgenden Verfassungen von den Fürsten aufgezwungen wurden, mussten sie von nun an Gesetz und Recht folgen.
- Nachdem sich in der Paulskirche erste politische Gruppierungen ausgebildet hatten, begann sich in Deutschland das Bewusstsein zu verstärken, dass nur regional übergreifende politische Organisationen auf die Dauer wirksam sein würden. **Die Bildung von Parteien** war durch die Nationalversammlung entscheidend **begünstigt** worden.
- Die von der Paulskirche formulierte **Verfassung beeinflusste alle nachfolgenden deutschen Verfassungen: Das allgemeine Wahlrecht setzte sich** gegen das Zensuswahlrecht **durch**.

Der in der Paulskirche formulierte **Katalog von Grundrechten war** in seiner detaillierten Ausführung nicht nur für Deutschland, sondern für ganz Europa **vorbildlich**.

Als Vorlage hatten die amerikanische Verfassung und die Grundrechtsformulierungen der französischen Verfassungen gedient, aber auch die Erfahrungen des oppositionellen Bürgertums mit dem Polizei- und Klassenstaat* der Reaktion waren in die Formulierungen der Grundrechte eingeflossen. Die Weimarer Verfassung hat auf sie bewusst zurückgegriffen. Auch im Grundgesetz der Bundesrepublik Deutschland finden sich zahlreiche Formulierungen, die in dem Frankfurter Grundrechtskatalog wurzeln.

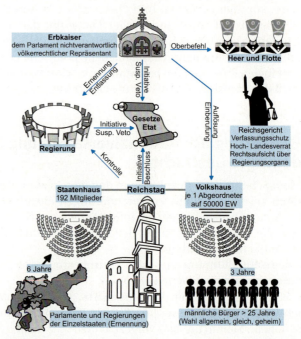

3.8 Begrenzte Liberalisierung – die Zeit der Reaktion

Rücknahme der liberalen Zugeständnisse in Deutschland

In der zweiten Hälfte des Jahres 1848 begann sich deutlich eine Wendung des Geschehens abzuzeichnen. Die österreichischen Truppen siegten gegen die aufständischen Nationalbewegungen Italiens und Ungarns und wendeten sich nach Wien, das im Oktober erobert wurde. Danach kam es zu zahlreichen Erschießungen von Führern der revolutionären Bewegung.

In Preußen hatte sich die dortige Nationalversammlung durch innere Streitigkeiten zwischen den einzelnen politischen Gruppierungen und die Passivität und Verzögerungstaktik der preußischen Regierung als unfähig erwiesen, zusammen mit dem König eine Verfassung auszuarbeiten. Gleichzeitig kam es in Berlin, das von preußischen Truppen geräumt war, zu Unsicherheit und wirtschaftlichen Problemen. Die **Einigkeit der revolutionären Bewegung** war zerbrochen und die einzelnen politischen Gruppen arbeiteten gegeneinander. Außerdem erstarkte die konservative Gegenbewegung bei Bürgertum und Adel zusehends.

Als sich die preußische Nationalversammlung dazu entschloss, Adelstitel und Orden sowie den Titel „König von Gottes Gnaden" abzuschaffen, war für den Preußenkönig das Maß voll. Am 10. November marschierte die preußische Armee, ohne auf Widerstand zu stoßen, in Berlin ein. Am **5. Dezember** wurde die **preußische Nationalversammlung** endgültig **aufgelöst**.

Diese Erstarkung der Position der Monarchen in den beiden deutschen Großmächten ermöglichte es allmählich auch den Fürsten der Klein- und Mittelstaaten, dem Druck durch die Öffentlichkeit Widerstand zu leisten. **Als die Nationalversammlung in Frankfurt dem König von Preußen schließlich die Kaiserkrone antrug, lehnte dieser mit der Begründung ab**, die Annahme impliziere die Anerkennung der Frankfurter Verfassung. In Wirklichkeit verbot ihm seine Vorstellung von der deutschen Kaiserwürde und vom Gottesgnadentum die Annahme der Krone. In einem Briefwechsel mit dem preußischen Diplomaten Freiherr von Bunsen schreibt der König ganz offen: „Soll die tausendjährige Krone deutscher Nation […] wieder einmal vergeben werden, so bin ich es und meinesgleichen, die sie vergeben werden".

Soll ich? – Soll ich nich? –Soll ich?
Knöppe, ihr wollt nu jerade nich!
(Karikatur 1849)

Jetzt begannen auch die anderen Landesfürsten in Deutschland, die zähneknirschend akzeptierte Frankfurter Verfassung offen abzulehnen.

Als Österreich und Preußen per Federstrich die Mandate* ihrer Abgeordneten in Frankfurt für beendet erklärten, blieb **nur noch ein Rumpfparlament** von süddeutschen Demokraten und Liberalen übrig. Sie verlegten ihren Sitz nach Stuttgart, wo sie am **18. Juni 1849** von württembergischen Soldaten **auseinander gejagt** wurden. Überall hatten die alten Mächte gesiegt. Wer von den Teilnehmern der Revolution nicht emigrierte, musste mit Verhaftung und Aburteilung wegen Hochverrats und Majestätsbeleidigung rechnen.

In **Preußen und Österreich wurde** die **Beamtenschaft einer Säuberung von liberalen Elementen unterzogen**. Die schon zuvor ausgeübten polizeistaatlichen Methoden wie Bespitzelung, Sondergerichte für politische Fälle, Zensur und Vereinsüberwachung wurden in verbesserter und verfeinerter Form allmählich wieder eingeführt.

Es kam in Deutschland ab 1849 zu einer verstärkten Auswanderungswelle. Zu diesen Auswanderern zählten auch viele vermögende und gebildete Bürgerfamilien.

Die in der Revolution zugestandenen **liberalen Verfassungen** wurden wieder abgeschafft und **durch reaktionäre Verfassungen ersetzt**.

Österreich befürchtete, von Preußen aus Deutschland herausgedrängt zu werden, zumal sich sogar in der Paulskirche das kleindeutsche Prinzip durchgesetzt hatte. Deshalb erzwang es die **Wiederherstellung des Deutschen Bundes** unter österreichischem Vorsitz.

Preußen gab nach, um einen Krieg zu vermeiden. Der wiederhergestellte Bundestag erklärte die Frankfurter Verfassung für ungültig und setzte eine Kommission ein, die alle deutschen Verfassungen auf liberale Ideen hin, die gefährlich wirken könnten, untersuchen sollte.

Auch der nationalen Idee wurde 1852 mit der Bestätigung der von den Nationalen bekämpften Verbindung Schleswig-Holsteins in Personalunion mit Dänemark ein schwerer Schlag versetzt. Am härtesten traf es die Demokraten, deren Führer fast alle auswandern mussten. Bis 1918 wagte es, außer in Württemberg, keine bürgerliche Partei mehr, sich offiziell als demokratisch zu bezeichnen.

Die oktroyierte Verfassung in Preußen

Gründe für die Entstehung

Nachdem am 10. November 1848 die Soldaten des preußischen Königs in Berlin einmarschiert waren, hatte der Monarch sogleich eine von der Regierung ausgearbeitete liberale Verfassung in Kraft gesetzt, die allerdings bis 1850 in einigen wesentlichen Punkten reaktionär geändert wurde. Die Gründe, weshalb Friedrich Wilhelm IV. dem preußischen Volk freiwillig eine Konstitution zugestand, waren:
- Der Versuch, das Volk mit der Monarchie auszusöhnen;
- die Bewahrung der Macht für die Krone durch eine konstitutionell-monarchische statt durch eine liberal beeinflusste Regierung;
- die Überzeugung, Preußen werde mit einer fortschrittlichen Verfassung innerhalb Deutschlands eine besondere Rolle spielen und die Sympathien der deutschen Liberalen gewinnen.

Die Grundzüge der oktroyierten Verfassung
- Bürgerrechte: Der erste Teil der Verfassung garantierte in großzügiger Weise bürgerliche Freiheiten, z. B. die Freiheit der Person, Religion, Meinungsäußerung und Versammlung, sowie die Gleichheit vor dem Gesetz.
- Zweikammersystem: Herrenhaus und Abgeordnetenhaus übten zusammen mit dem König die Gesetzgebung aus. Ihr wichtigstes Recht war das Budgetrecht.

- Dreiklassenwahlrecht: Wahlrecht nach Steueraufkommen der Bürger in drei Wahlklassen, die je ein Drittel der Abgeordneten stellten. Die Wahl war ungleich, öffentlich und indirekt, also über Wahlmänner.
- Unabhängigkeit der Justiz: Die Unabhängigkeit der Richter von obrigkeitlichen Weisungen wurde formal garantiert.
- Provisorischer Charakter: Die Verfassung war leicht zu ändern.
- Keine Volkssouveränität: Die Betonung des Gottesgnadentums der Monarchie.
- Die Armee bleibt auf den König vereidigt: Der König behielt das stärkste Machtmittel Preußens für sich.

Die Beurteilung der preußischen Verfassung von 1850

Diese **Verfassung** blieb in den wesentlichen Grundzügen **bis 1918 in Kraft**. Das plutokratische* Dreiklassenwahlrecht sicherte im Abgeordnetenhaus stets eine konservative Mehrheit. Vor allem die adeligen preußischen Junker und Großgrundbesitzer waren im Parlament überrepräsentiert. In der Mitte des 19. Jahrhunderts beeindruckte diese Verfassung die Liberalen, während die Royalisten und Adeligen, denen sie zugute kam, sie als Katastrophe betrachteten. Insgesamt bedeutete diese Verfassung den Sieg der Reaktion in Preußen.

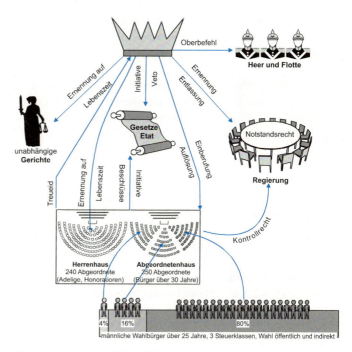

Die oktroyierte preußische Verfassung 1850

Liberalisierung der Wirtschaft

Um das Bürgertum, besonders das Großbürgertum, zu beruhigen und den Rückzug der Bürger aus der Öffentlichkeit zu fördern, begannen die reaktionären Regierungen den wirtschaftlichen Bereich zu liberalisieren, zumal man zunehmend das reiche Bürgertum als Steuerzahler benötigte. 1853 wurde der Zollvereinsvertrag erneuert. Österreich trat diesem Vertrag nicht bei und schloss sich damit selbst aus dem deutschen Wirtschaftsraum aus.

Wien wollte Preußen nicht wirtschaftlich stärken.

Zusammenfassung: Die Revolution von 1848 und die Folgen

Am Ende der Biedermeierzeit hatte sich der anachronistische* Spätabsolutismus überholt. Das liberale deutsche Bürgertum war kaum noch bereit, die absolutistische Tyrannei der Fürsten zu ertragen. Dazu kam das wachsende soziale Elend der Unterschichten. Die Pariser Februarrevolution 1848 brachte die angespannte Situation zuerst in Südwestdeutschland und dann in Wien zur Explosion. Dann griff die Revolution auf ganz Deutschland über.

Die meist liberalen Nationalen kämpften um den deutschen Einheitsstaat, die meist radikalen Republikaner zusätzlich zu liberalen und nationalen Forderungen um das Ende der Monarchien, die meist konservativeren Wirtschaftsliberalen um wirtschaftliche Handlungsfreiheit, die Liberalen gegen den Spätabsolutismus und für verfasste Freiheitsrechte und die verarmte Handwerkerschicht kämpfte mit der neuen Arbeiterklasse, oft als radikale Republikaner, um sozialen Fortschritt.

Die oft noch analphabetische ländliche Bevölkerung, weniger gebildet und informiert, stand meist abseits und neigte eher zur Unterstützung der alten Mächte. Diese Opposition war insgesamt an Kopfzahl und materiellen bzw. militärischen Ressourcen* den der Revolution nahe stehenden Bevölkerungsgruppen überlegen.

Obwohl es zuvor keine übergreifenden Organisationsstrukturen gab, gelang es dem Bürgertum, im Deutschen Bund Gesamtwahlen zur deutschen Nationalversammlung in Frankfurt zu organisieren. In allen deutschen Staaten gaben die überraschten Monarchien der revolutionären Gewalt vorläufig nach, versprachen Verfassungen und ließen das liberale Bürgertum die Verfassung eines deutschen Nationalstaats planen.

Das Frankfurter Honoratiorenparlament schaffte es tatsächlich, alle grundsätzlichen Differenzen, groß- oder kleindeutsche Lösung, Monarchie oder Republik, Zentralstaat oder Bundesstaat, Zensus- oder allgemeine Wahl, nationale Frage, usw. zu überwinden und die Verfassung eines kleindeutschen föderalen Nationalstaates mit parlamentarischer Monarchie und egalitärem Wahlrecht unter preußischer Führung zu präsentieren.

Die Opposition war bis dahin wieder so erstarkt, dass der preußische König die Kaiserkrone ablehnte und die Fürsten das Nationalparlament und die Landesparlamente auflösen, ja sogar auseinander jagen konnten. Nennenswerten aber erfolglosen Widerstand boten nur die südwestdeutschen Revolutionsarmeen.

Mehr als aufgezwungene konservative Verfassungen und großzügigere Handhabe von Presse- und Wirtschaftsfreiheit gestanden die Sieger dem unterlegenen Bürgertum nicht zu. Die größere wirtschaftliche Handlungsfreiheit lenkte die Energien des enttäuschten Bürgertums auf das Feld wirtschaftlicher Betätigung zum Vorteil des monarchischen Staatswesens.

Im renovierten Deutschen Bund drifteten Österreich und Preußen auseinander, da Wien nach der Erkenntnis, dass Deutschlands Bürgertum einer kleindeutschen Lösung unter Preußens Führung nahe stand, misstrauisch gegenüber preußischen Hegemonieplänen in Deutschland wurde. Deshalb trat Österreich dem renovierten Zollverein nicht mehr bei und schloss sich zunehmend aus Deutschland aus.

Industrialisierung und soziale Frage

4

Gussstahlwerk Krupp in Essen 1820 und 1889

Kinderarbeit in einer Aschaffenburger Fabrik 1858

4

Den Begriff „Industrielle Revolution" prägte 1884 der britische Volkswirtschaftler Arnold Toynbee.

4.1 Die Industrielle Revolution in England

Ursachen

Im 19. Jahrhundert verändern sich die ökonomischen und sozialen Bedingungen der Gesellschaft in Europa von Grund auf. Etwa gleichzeitig mit der Französischen Revolution beginnt die industrielle Revolution in England. Sie wird die politische und soziale Zukunft Europas und der Welt nicht weniger beeinflussen als das Geschehen in Paris.

Die Ursachen der industriellen Revolution liegen in der Verknüpfung günstiger wirtschaftlicher Gegebenheiten mit wissenschaftlich technischen Veränderungen, verbunden mit begünstigenden politischen Faktoren.

Wirtschaftliche Voraussetzungen

Die merkantilistische* Politik der Bevölkerungsvermehrung (Peuplierungspolitik) spielte ebenfalls eine gewisse Rolle.

z.B. Einführung der Pockenimpfung durch E. Jenner 1796

Der Bevölkerungsüberschuss wurde nicht mehr allein von der Auswanderung in die Kolonien aufgefangen.

- Als einer der wichtigsten Faktoren der Industrialisierung gilt der **überproportionale Bevölkerungszuwachs**. Das Land besaß eine fortschrittliche Landwirtschaft, die genügend Menschen ernähren konnte. Über den entwickelten britischen Seehandel konnte außerdem ein Mangel an Lebensmitteln wenigstens teilweise ausgeglichen werden. Dazu kamen medizinische und hygienische Fortschritte, die die Sterblichkeit eindämmten.
- Der Bevölkerungsanstieg setzte **genügend Arbeitskräfte** frei, die der aufstrebenden Industrie zur Verfügung standen.
- Die Vermehrung der Einkommen in Landwirtschaft, Handel und Gewerbe **verstärkte** die **Kaufkraft** der Bevölkerung; der Markt vergrößerte sich. Ursache der Einkommensvermehrung waren die napoleonischen Kriege.
- Durch die Rolle Großbritanniens als erste Seemacht war es darüber hinaus möglich, auch die **Kaufkraft ausländischer Märkte** zu nutzen. Napoleons Kontinentalsperre konnte das Empire* nur kurzfristig treffen, dann stellte England den Seehandel um. Die neuen Märkte hießen Indien und Amerika.

Große Gewinne im Rohstoffhandel mit Europa und im Sklaven-Dreieckshandel Europa (Billigwaren), Afrika (Sklaven) und Amerika (Baumwolle, Pelze, Gewürze).

- Infolgedessen konnte das englische Besitzbürgertum, das in der „Glorious Revolution" sein Selbstbestimmungsrecht gegen den Adel schon im 17. Jahrhundert erkämpft hatte, ungestört **Kapital** ansammeln und **für neue Unternehmungen** einsetzen.
- Das liberale, **aufgeklärte Bürgertum** stand technologischen Neuerungen offen gegenüber.

- Die **Risikobereitschaft** der britischen Kaufleute war in Folge der Seehandelstradition und des wirtschaftsliberalistischen Konkurrenzdenkens stark ausgeprägt.
- Die englische Kaufmannschaft hatte seit dem 17. Jahrhundert große **Erfahrung in Organisation und Führung** von Manufakturbetrieben* gesammelt.
- Alle diese **Entwicklungen sind** miteinander **vernetzt**.

Staatlich geförderter Freihandel und wirtschaftliche Handlungsfreiheit

Bergbau, Werften

Wissenschaftlich-technische Voraussetzungen
- England verfügte über ein hoch entwickeltes Handwerk;
- die traditionelle Hochseefahrt erforderte ein besonderes Verhältnis zu Technik und Naturwissenschaft;
- die knappen Holzvorräte in England führten zum Versuch, wo möglich, Holz als Brenn- bzw. Werkstoff durch Kohle oder Eisen zu ersetzen, die eher vorhanden oder billig zu produzieren waren;
- der Übergang von der Eisenverhüttung mittels Holzkohle zur Verhüttung mittels Steinkohlenkoks um 1800 führte zu Verfahrensverbesserungen und zur Massenproduktion von Gussstahl (Massenstähle);
- gleichzeitig erlaubte die Erfindung der Dampfmaschine durch James Watt die rationelle Umsetzung von Wärmeenergie in mechanische Arbeit (1769). Seine Maschine verbrauchte 75 % weniger Brennstoff als herkömmliche Dampfmaschinen. Die Folge war die Entwicklung anderer Maschinen, die mit der neuen Antriebsquelle verbunden werden konnten. Dadurch konnte die Güterproduktion enorm gesteigert werden;
- die Herstellung dieser Maschinen verlangte neue Fertigungstechniken: Wirtschaftlichkeit, Präzision und Auswechselbarkeit der Teile bewirkten ein neues technisches und rationelles Denken;
- durch die Dampfmaschine entfiel die Standortbindung der Industrie an Standorte mit natürlicher Energie (Wälder, Wasserkraft);
- die Eisenhütten wurden direkt an die Kohlestandorte verlegt, soweit die Transportmöglichkeiten des Erzes dies erlaubten. Auch andere Industrien konnten an kostengünstigere Standorte umgesiedelt werden;
- die Massenproduktion preiswerten Stahls erlaubte in Verbindung mit der Dampfmaschine den Einsatz neuer, kostengünstiger Massenverkehrsmittel (Eisenbahn und Dampfschiff);
- die rationellen, schnellen und wetterunabhängigeren Transportmittel begünstigten ihrerseits wieder die Entwicklung der Industrie.

Holz war als Folge merkantilistischer Massenproduktion in ganz Westeuropa am Ende des 18. Jh. knapp (Schiffbau, Brennmaterial).

Ablösung des „Universalrohstoffes Holz" nach 100 000 Jahren Menschheitsgeschichte

Stahl durch „Puddelverfahren"

Aufgabe des aufwändigen Schmiedens zugunsten des rationellen Walzens von Eisenteilen

Aufgrund ihres hohen Brennstoffverbrauchs waren frühere Konstruktionen von Dampfmaschinen nur im Bergbau als Pumpen eingesetzt worden.

z. B. Spinnmaschinen, Webstühle

In England Verlagerung des Eisengewerbes nach Südwales, den Midlands und nach Yorkshire

Erste Eisenbahnstrecke in England 1825 von Stockton nach Darlington; bereits 1838 London-Manchester

4

Ende des Pauperismus im größten Teil Europas im 20. Jahrhundert

Imperialismus

1790 wurden etwa 75% der Agrarflächen Englands von Pachtbauern bearbeitet, der Boden gehörte dem Adel oder dem reichen Bürgertum.

Durch Rationalisierungsgesetze in der Landwirtschaft und durch Umwandlung von Ackerland in Weideland sowie durch Vergrößerung der Pachtbetriebe wurden viele Kleinstbauern erwerbslos.

Eine genaue Beschreibung gibt Friedrich Engels in seinem Buch „Die Lage der arbeitenden Klasse in England" aus dem Jahre 1845.

Entstehung von Verelendungstheorien (Ricardo, Malthus)
„Pauperismus": vorindustrielle Massenarmut
Chartismus, Trade Unions
Sozialistische Theorien entstehen: Marx, Engels, Owen

Folgen

Langfristige Folgen dieser Entwicklung in Europa

- **Lösung des Problems der Unterbeschäftigung** durch Überbevölkerung und der damit verbundenen Massenarmut;
- **wirtschaftliche Auftriebsspirale*** mit entsprechender Kapital- und Kaufkraftvermehrung;
- globale wirtschaftliche und politische **Dominanz der neuen Industriestaaten**.

Kurzfristige soziale Folgen der wirtschaftlichen Entwicklung in England

Die Ausweitung der Industrieproduktion in England erzeugte einen zunehmenden Anteil abhängiger Lohnarbeiter in der Gesellschaft:

- Die Arbeiter waren entweder landlose Bauern (Verarmung durch billigere Agrarimporte oder durch Überbevölkerung) oder Handwerker, die der billigeren industriellen Konkurrenz zum Opfer gefallen waren.
- Auch in England herrschte ein Überangebot an Arbeitssuchenden, das es den bürgerlichen Fabrikanten ermöglichte, im freien Wettbewerb die Löhne auf ein Minimum zu drücken und die Arbeitsbedingungen stetig zu verschlechtern.
- Unmenschliche Arbeitszeitforderungen, Kinder- und Frauenarbeit und das Fehlen jeder sozialen Absicherung für Alter und Krankheit führten zur Verelendung großer Teile der lohnabhängigen Industriearbeiterschaft.
- Der ruinöse Wettbewerb der Unternehmer erlaubte diesen oft auch bei gutem Willen keine Lohnerhöhungen.
- Das Proletariat in England lernte allmählich, sich als eigene soziale Schicht zu begreifen, und begann, sich zu organisieren.
- Hauptziele des Kampfes waren: Die Verbesserung der sozialen Lage und die politische Partizipation der Arbeiterschaft im Parlament, die durch das britische Zensuswahlsystem ausgeschlossen war.

Die soziale Entwicklung in England im 19. Jahrhundert			
Jahr	Teilhabe an der Macht	Sozialgesetze	Jahr
		Koalitionsfreiheit – Bildung von Gewerkschaften erlaubt	1824
1832	130 neue Abgeordnetensitze von bisher nicht vertretenen Grafschaften und Städten. Vermehrung der Wahlberechtigten um 50% (von 5% auf 7% der Bev.) Stärkung der Macht der Mittelschicht im Parlament (Industrielle)		
		Fabrikgesetz: Kontrolle der begrenzten Arbeitszeit für Kinder, Hilfskassen für Arbeiter	1834
		Beschränkung der Arbeit für Frauen und Kinder (zuerst nur in der Textilindustrie)	1844
		Verbilligung der Lebensmittel durch Abschaffung von Schutzzöllen	1846
		10-Stundentag für Frauen und Jugendliche in der Industrie	1847
1867	Wahlrecht für Wohneigentümer und städtische Mieter (jetzt auch Handwerker und qualifizierte Arbeiter, ca. 17% der Einwohner)		
1884	Wahlrecht für alle Haus-/Grundbesitzer und Mieter in Stadt und Land (ca. 30% der Bevölkerung)		
ab 1901	Arbeiterpartei (Labour) im Unterhaus		
		Sozialversicherungsgesetze	ab 1905

4.2 Wirtschaftliche und soziale Veränderungen nach 1800

Produktivität in der Landwirtschaft: um 1800 ca. 6 – 8 dz Korn pro ha, um das Jahr 2000 bis zu 90 dz Weizen pro ha

Am Ende des 18. Jahrhunderts beginnt der Aufbruch aus den traditionellen wirtschaftlichen und sozialen Verhältnissen.

Kennzeichen der alten Ordnung

- Geringe gesellschaftliche Mobilität (statische Gesellschaft);
- Übergewicht der Agrarwirtschaft;
- niedrige Produktivität.

Ursachen

Schollenbindung, Heiratserlaubnis u. ä.

Zünfte: Preis- und Umsatzfestlegungen, einheitliche Produktions und Ausbildungsvorschriften

Das absolutistische Feudalsystem war wirtschaftlich nach wie vor auf den traditionellen agrarischen Bereich festgelegt (Adel = Grundbesitzer).
- Die adeligen Grundherren behinderten die gesellschaftliche und berufliche Freiheit;
- Überlieferte Rechts- und Sozialordnungen erschwerten Produktivitätserhöhungen (z. B. Gemengelagen* in der Landwirtschaft, Zunftordnungen im Gewerbe).

Soziale Veränderungen

Bevölkerungszuwachs in Deutschland

- Die **Bevölkerungsexplosion** in Deutschland führte zur Verdoppelung der Einwohnerzahl innerhalb der ersten 75 Jahre des 19. Jahrhunderts. Ursache dafür waren die verbesserte medizinische Versorgung der Bevölkerung und neu eingeführte Hygienevorschriften (Rückgang von Epidemien), der sich allmählich verbessernde Lebensstandard, Frieden seit 1815 und die teilweise Aufhebung unfreiheitlicher absolutistischer Maßnahmen gegen das Bevölkerungswachstum (z. B. Heiratsverbote).
- Das Bevölkerungswachstum in Europa steht in direkter **Beziehung zum wirtschaftlichen und sozialen Fortschritt** (Wachstum auf der einen Seite bedingt dasselbe auf der anderen).
- Der Bevölkerungszuwachs führte zu einer **Zunahme der Arbeitskräfte und der Nachfrage nach Versorgungsgütern**.
- Die Bauernbefreiung in Deutschland führte zur **Auflösung der alten**, von feudalen Interessen bestimmten **Sozialordnungen**.

- Die **Alphabetisierung und Grundbildung der Gesamtbevölkerung** erzeugte Menschen mit besserem Verständnis für Technik und Rationalisierung, die selbstbewusster und gesellschaftlich und geografisch mobiler waren.
- Den Forderungen des liberalen, selbstbewusst gewordenen Bürgertums trugen die feudalen Regierungen im wirtschaftlichen Bereich Rechnung, da sie so wirtschaftlich von ihm profitieren konnten.
- Das Recht auf Freizügigkeit und freie Berufswahl sowie die Lösung des Einzelnen von alten Gruppen- oder Herrschaftsbindungen (Zünfte, Erbuntertänigkeit) ermöglichten einen **erheblich höheren Grad an Mobilität innerhalb der Gesellschaft**.

Flächendeckende, effiziente Schulsysteme mit ausgebildeten Lehrern

Gewerbefreiheit, Beseitigung von Handelshemmnissen

Gründe für die Reformen

Die Gründe, weshalb die absolutistischen Regierungen diese Reformen durchführen, sind:
- Verbesserung der wirtschaftlichen Verhältnisse in den deutschen Staaten zur **Deckung der sehr hohen staatlichen Finanzbedürfnisse**. Diese entstanden als Folge der starken Verschuldung der Staaten durch die Finanzierung der Kriege während der napoleonischen Zeit;
- **Einführung aufgeklärter**, liberaler **Ideen** in Wissenschaft und Verwaltung;
- **Verringerung der Macht der Stände** durch Abbau der ständischen Hoheitsrechte.

Diese Prozesse gingen in den einzelnen deutschen Staaten in verschiedener Geschwindigkeit und Ausprägung vor sich.

Folgen der Bauernbefreiung

Positiven gesamtwirtschaftlichen Aspekten (Zunahme der Lebensmittelproduktion) standen viele negative Folgen im sozialen Bereich gegenüber.

Wirtschaftliche Folgen
- Vergrößerung der jährlich nutzbaren Ackerfläche durch Neuverteilung des Bodens. Urbarmachung nicht genutzter Böden und Nutzung der Brache;
- Veränderung der Produktionsmethoden durch Sommerstallhaltung mit kontrollierter Fütterung und Einführung der verbesserten Dreifelderwirtschaft:

einfache Dreifelderwirtschaft	verbesserte Dreifelderwirtschaft
1. Jahr: Wintergetreide	1. Jahr: Wintergetreide
2. Jahr: Sommergetreide	2. Jahr: Sommergetreide
3. Jahr: Brache (Weideland)	3. Jahr: Blattfrucht (Ackergemüse, Stallfutter)

Bis 1860 Verdoppelung der landwirtschaftlich genutzten Flächen in Deutschland

Tiefpflügen, verschiedene Fruchtwechselverfahren

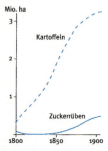

Entwicklung der Anbaufläche für Kartoffeln und Zuckerrüben

Ein Grund für die Intensivierung der Agrarproduktion war die Verwissenschaftlichung der Landwirtschaft im absolutistischen Kameralismus – diese kam aber eher den Großgütern der gebildeten Feudalherren zugute.

Durch die Abtretung von Böden entstanden Zehntausende so genannter „nicht spannfähiger" Betriebe (zu klein, um ein Zugtier zu halten).

In Preußen entfallen Mitte des 19. Jh. 62% des Bodens auf weniger als 5% der Betriebe.

Wegen niedriger Erzeugerpreise und geringer Hofgrößen (unter 5 ha) hat der größte Teil der Bauern in Deutschland ein geringes Einkommen.

Mittelalterliche Bindung des Gewerbes an die Städte

Napoleonische Ära

Heute ist die Gewerbefreiheit durch zahlreiche Gesetze wieder eingeschränkt. (z. B. Handwerkerordnung 1953).

- Steigerung der Erträge durch verbesserte Düngung (Dung aus Sommerstallhaltung), Anbauverfahren und Pflanzenzüchtung;
- Veränderung der Verbrauchergewohnheiten zugunsten wachstumseffizienter Lebensmittel (z. B. Kartoffeln).

Wirtschaftliche Folgen
- Aufhebung des „feudalen Bauernschutzes" (Henning) vor der Reform. Dieser bestand aus rechtlichem Schutz vor Bodenaufkauf durch den Grundherrn und Erlass der Abgaben bei Missernten und Seuchen;
- hohe Ablösesummen für den erhaltenen Boden als Entschädigung des Grundherrn;
- bei Zahlungsunfähigkeit Verkauf oder Abtretung des erhaltenen Bodens an den Ablöseberechtigten;
- Entstehung von großen Gutsbetrieben, in die der ehemalige Grundherr die von den Bauern erworbenen Höfe eingliedert;
- Lohnarbeit der ganz oder teilweise landlos gewordenen Bauern auf den grundherrlichen Gütern;
- die Entstehung des ländlichen Proletariats wird durch das Bevölkerungswachstum noch verstärkt;
- Freisetzung zahlreicher Arbeitskräfte, die in andere Wirtschaftsbereiche drängen;
- Bevölkerungswachstum führt auch bei größeren Bauernhöfen in Teilen Deutschlands zur Betriebsverkleinerung in Folge von Realteilungen* bei Vererbung.

Die neue Gewerbefreiheit nach den preußischen Reformen

- Die Gewerbefreiheit hob auf:
  - Ständische Schranken und Ortsbindungen;
  - Ausbildungsbeschränkungen;
  - staatliche oder Zunftbeschränkungen der Produktionsmengen, Herstellungsweisen und Schutz vor Konkurrenz.
- Die Durchführung erfolgte in Deutschland unterschiedlich rasch:
  - In den französisch besetzten Gebieten zwischen 1795 und 1810;
  - in Preußen ab 1807;
  - in den deutschen Klein- und Mittelstaaten wechselten liberale und konservative politische Perioden;
  - erst um 1870 war die Gewerbefreiheit allgemein durchgesetzt.
- Beschränkungen persönlicher Art (z. B. Konzessionen*) und beruflicher Art blieben erhalten (z. B. Approbationen*).

Wirtschaftliche Folgen der Gewerbefreiheit
- Genereller **Anstieg der Zahl der gewerblichen Betriebe**, zugleich Verkleinerung schon vorhandener Betriebe durch Konkurrenz;
- **Anstieg der Handwerkerzahlen** im ländlichen Bereich wegen des Wegfalls von Standesschranken und durch freie Arbeitskräfte;
- **sinkende Preise für Gewerbegüter in** Folge starker Konkurrenz bei Vergrößerung des Angebotes an gewerblichen Gütern;
- der dadurch entstehende **Rationalisierungsdruck** zwingt vor allem die Manufakturen zur Einführung fortschrittlicher Produktionsverfahren und zur **Verschlechterung der Arbeitsbedingungen**;
- vor allem der preußische Staat, aber auch andere **Bundesstaaten** greifen nicht nur im Bereich der Technologie der Wirtschaft unter die Arme und **fördern die Industrialisierung** gezielt durch Privilegien und Schutz vor ausländischer Konkurrenz.

Verstärkte Einführung von Maschinen, in Preußen teilweise staatlich gefördert

bis zu 17 Std. täglich Arbeitszeit

Ob die Industrialisierung Deutschlands vorrangig den Kräften eines freien Marktes zu verdanken ist, ist sehr umstritten.

Soziale Folgen der Gewerbefreiheit
- Zunehmende Beschäftigung gering entlohnter Frauen und Kinder in Manufaktur- und Verlagsbetrieben;
- **sinkende Einkommen** im gewerblichen Sektor;
- Zunahme der Lohnarbeit;
- Freisetzung qualifizierter Arbeitskräfte (Überangebot an Arbeit);
- **soziale Unruhe** vor allem bei den schlecht entlohnten Gesellen.

In der schlesischen Textilindustrie arbeiteten Kinder ab 4 Jahren.

Die Einkommen lagen trotzdem höher als in der Landwirtschaft.

Der tertiäre Sektor nach den preußischen Reformen

Entscheidend für die Entwicklung des Handels- und Dienstleistungssektors in Deutschland in der ersten Hälfte des 19. Jahrhunderts war:
- Die **Verbesserung des Verkehrswesens** durch den Bau fester, steigungsarmer Straßen seit dem 18. Jahrhundert (Chausseen);
- seit Ende des 18. Jahrhunderts Förderung der Binnenschifffahrt durch Stromregulierung und Kanalbau;
- **Beginn des Eisenbahnbaus 1834**;
- die **Verbesserung der Handelsbedingungen**; Vergrößerung der Wirtschaftsräume in Deutschland nach 1815 durch die territoriale Neuordnung;
- **Abschaffung der Binnenzölle und Wegeabgaben** (Akzisen) in den deutschen Staaten;
- allmähliche **Entwicklung eines einheitlichen deutschen Wirtschaftsraumes** mit Schutzzöllen nach außen seit 1819.

1780: 2000 km
1840: 3000 km

Der deutsche Wirtschaftsraum erzielte bis 1835 insgesamt Außenhandelsüberschüsse. Über 50 % des Exports bestand aus Fertigwaren gewerblicher Produktion.

4.3 Der Deutsche Zollverein

Vorgeschichte

Friedrich List (1789–1846) war zuerst württembergischer Beamter, bevor er in Tübingen eine Professur für Staatspraxis bekam. 1820 wurde der radikal-liberale Süddeutsche zu Festungshaft verurteilt. 1824 emigrierte er in die USA, wo er als Unternehmer tätig war. 1837 kehrte er nach Deutschland zurück. List war Repräsentant des süddeutschen Liberalismus und strebte eine großdeutsche Einheit an.

- Art. 19 der Deutschen Bundesakte von 1815 forderte eine bundeseinheitliche Regelung für Handel und Verkehr.
- Preußen bot seit 1819 den anderen Staaten Deutschlands die Bildung eines Zollverbandes an, auch um über seine wirtschaftliche Stärke im Bereich des Deutschen Bundes Einfluss ausüben zu können.
- Gründung des Deutschen Handels- und Gewerbsvereins unter dem Einfluss des Nationalökonomen Friedrich List in Frankfurt 1819. Ziel des Vereins, dem eine große Zahl angesehener und einflussreicher deutscher Kaufleute angehörte, war die Beseitigung der innerdeutschen Handelshemmnisse.

Entstehung

Berlin übte wirtschaftlichen und politischen Druck aus (seit 1828 preußisch-hessischer Zollverein).

1828 Bayerisch-Württembergischer Zollverein; 1828–31 Mitteldeutscher Handelsverein

Metternich über den Zollverein (1833): „eine höchst nachteilige unheildrohende Erscheinung" Österreichischer Vorschlag einer mitteleuropäischen Zollunion ab 1848

- Von 1819–1828 allmählicher Anschluss der benachbarten deutschen Staaten an den von Preußen initiierten Zollverein.
- Zwischen 1824 und 1833 wirtschaftliche Zusammenschlüsse deutscher Mittelstaaten ohne Preußen (gegen Preußen).
- **1833** Zusammenschluss der Mittelstaatenbünde mit dem preußisch geführten Zollverein zum **Deutschen Zollverein**.
- **Österreich blieb dem Zollverein fern**, da die Wirtschaftskraft der Donaumonarchie zu gering schien, um mit Preußen und den deutschen Staaten ohne Nachteile konkurrieren zu können und weil die Regierung in Wien Preußen nicht wirtschaftlich stärken wollte.
- Spätere Beitrittsversuche Österreichs konnte Preußen verhindern.

Wirkung

List: „Im Hintergrund aller meiner Pläne liegt Deutschland."[1]

- Die **wirtschaftliche Einigung Deutschlands** unter preußischer Führung nahm die Form der politischen Einigung vorweg.
- Die höhere Binnennachfrage innerhalb des neuen Wirtschaftsraumes führte zu einer **Zunahme der inländischen Produktion**.
- Die Vereinheitlichung des deutschen Marktes beschleunigte die Industrialisierung Deutschlands, vor allem an Rhein und Ruhr.

Bewertung

Die politische Bedeutung der Einigung Deutschlands auf wirtschaftlichem Gebiet war groß. Immerhin trat jetzt **Deutschland im ökonomischen Bereich nach außen als Einheit** auf. Der hauptsächliche Nutznießer war Preußen, dessen Industrialisierung allmählich begann und das nun über sehr starken Einfluss in Deutschland verfügte. Österreich war wirtschaftlich aus Deutschland verdrängt worden. Dennoch blieb auch im ökonomischen Bereich vieles getrennt, so gab es **keine einheitlichen Währungen, Maße und Gewichte** und nur **geringe Koordination** beim Bau von Verkehrswegen u. a. m.

Zollverein als „Motor" der Einigung

Zechlin: „Die preußische Zollvereinspolitik ist untrennbar verwoben mit dem Problem des preußisch-österreichischen Dualismus." [2]

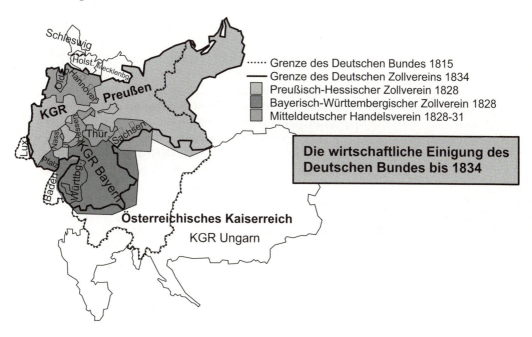

Die wirtschaftliche Einigung des Deutschen Bundes bis 1834

4.4 Die Industrialisierung in Deutschland

Die Industrialisierung des deutschen Wirtschaftsraumes führte zu einer raschen Veränderung der wirtschaftlichen und sozialen Verhältnisse innerhalb Deutschlands, die mit den Wandlungen vorhergehender Epochen nicht vergleichbar ist. Die stetige Beschleunigung in der Veränderung wirtschaftlicher und sozialer Strukturen, sei es durch Bedarfsänderungen, Marktverschiebungen* oder technische Innovationen, und die damit einhergehende Häufung der auftretenden Probleme finden bis heute kein Ende.

Vgl. die diesbezüglichen Probleme im 20. u. 21. Jahrhundert:
– Arbeitslosigkeit
– Frage der Rentenfinanzierung
– Neue Industrien mit ihren Problematiken: Elektronische Industrie, Industrieroboter ersetzen menschliche Arbeit Rationalisierung

4

Der Begriff der Industrialisierung

- Ursprünglich beschrieb das Wort „Industrie" jede wirtschaftliche Tätigkeit. Adam Smith begrenzte es auf den gewerblichen Bereich. Erst gegen Ende des 19. Jahrhunderts wurde der Begriff auf **maschinenorientierte Arbeit im gewerblichen Bereich** festgelegt.
- Ein kleinerer Teil der Geschichtsschreibung geht davon aus, dass die Industrialisierung Deutschlands bereits 1835 beginnt, da:
    - die Zahl der Lohnarbeiter (auch in der Landwirtschaft) so zunimmt, dass man von einer Veränderung der Gesellschaftsstruktur sprechen kann;
    - manuelle Arbeit zunehmend durch mechanische ersetzt wird;
    - das verfügbare Investitionskapital spürbar ansteigt;
    - der neu gegründete Zollverein den Handel erleichtert
    - und der Eisenbahnbau in Deutschland beginnt.
- Die meisten Historiker setzten den **Beginn erst 1850** an, da:
    - erst ab 1850 im großen Stil in die Industrie investiert wird, weil nun erst die Finanzierungsmöglichkeiten entstehen;
    - das Wirtschaftswachstum erst nach 1850 durch bestimmte, führende Industriezweige erheblich beschleunigt wird;
    - nach 1850 der politische und gesellschaftliche Rahmen für ein kontinuierliches Wachstum entsteht, z. B. Förderung der Industrie durch den Staat in Preußen; der Staat selbst investiert sogar in großem Maße;
    - ausreichende Eisenbahnverbindungen im deutschen Wirtschaftsraum erst ab 1850 vorhanden sind.

Notenbanken, Aktiengesellschaften

Metallgewerbe, Eisenbahn-, später Elektro- und chemische Industrie

Staatskapitalismus! Die Industrialisierung Preußens ist nicht nur der Erfolg eines freien Marktes.

Der stürmische Ausbau der Bahn findet erst in den 50er-Jahren des 19. Jh. statt.

Voraussetzungen für die Industrialisierung in Deutschland

Eine wesentliche Rolle spielte die Einführung wissenschaftlich-technischer Neuerungen in die gewerbliche Produktion, eine neue ökonomische Mentalität in Staat und Gesellschaft, Bevölkerungswachstum und Kapitalentwicklung treten hinzu.

z. B.: Berliner Gewerbeinstitut (1820); Polytechnikum in Karlsruhe (1825), Darmstadt (1826), München (1827), Dresden (1828), Stuttgart (1829)

Ursachen
- Neue **Bedeutung der Naturwissenschaft in** der Aufklärung;
- **staatliche Förderung** des technischen Fortschritts (Polytechnische Schulen, Bergbauschulen, Musterbetriebe u. ä.);
- der Rationalisierungsdruck durch **freie Konkurrenz** (Gewerbefreiheit) verlangt Überlegungen hinsichtlich Maschineneinsatzes (Investitionsanreiz);
- der **Patentschutz** sichert die Rechte des Erfinders;
- das **Vorbild Englands**.

Wichtige technische Neuerungen
- Massengewinnung von Rohstoffen in mechanisierten Bergwerksanlagen;
- Massenverhüttung von Eisen durch Erforschung der Vorgänge im Hochofen, Massenstähle;
- Maschinen: Dampfmaschine, Textilmaschinen (Spinnmaschine, mechanischer Webstuhl, Nähmaschine), Werkzeugmaschinen, später elektrische Maschinen und Geräte; Einsatz neuer Rohstoffe (Zement, Gummi).

Geistige Voraussetzungen
- Die Erkenntnis absolutistischer Regierungen, dass staatliche Regelungen wirtschaftlich oft nicht effizient sind; deshalb sollen gesetzliche Maßnahmen das freie Wachstum der Industrie sichern;
- wachsendes Selbstbewusstsein des Besitzbürgertums, das sich am englischen Vorbild orientiert und, von dem Misserfolg der Revolution 1848/49 ernüchtert, sich auf den wirtschaftlichen Bereich zurückzieht und dort seine Rechte gegen den Staat durchsetzt;
- Veränderung der liberal-humanistischen Gesinnung im Besitzbürgertum zum so genannten Manchestertum.

In Preußen 1842 neues Aktiengesetz (Einschränkung der staatlichen Aufsicht über die Aktionäre)
1851 Privatisierung des Bergbaus (seit 1766 unter staatlicher Aufsicht)

Kapitalentwicklung
Durch die hohen Gewinne der Unternehmer kam es in den ersten Jahrzehnten der Industrialisierung zur Anhäufung von Kapital in der Hand von Kapitaleignern (Akkumulation des Kapitals), das wieder in junge Industrien investiert wurde. Den Aufschwung trugen vor allem der Eisenbahnbau und die Investitionsgüterindustrie (Nachfrage aus der Industrie selbst).
Erst nach 1880 spielt auf Grund der steigenden Einkommen die Konsumgüternachfrage eine Rolle.

Bevölkerungsentwicklung
Der Zusammenhang zwischen Industrialisierung und Bevölkerungswachstum in Deutschland lässt sich anhand von Statistiken leicht beweisen. In den Industriegebieten wächst die Bevölkerung beinahe doppelt so schnell an wie in Gebieten, in denen Landwirtschaft als Erwerbsquelle vorherrscht. Der größere Zuwachs in den Industriegebieten ergibt sich aus Zuwanderung und erhöhter Geburtenrate.
Der Bevölkerungszuwachs in den Industriezentren bedeutet für die Industrialisierung:
- genügend Arbeitskräfte zu billigen Preisen,
- erhöhte Nachfrage nach Gütern infolge höheren Bedarfs.

z. B. im Ruhrgebiet Zuwanderung aus den polnischen Ostprovinzen Preußens

Zunahme des Produktionsfaktors Arbeit

4

Bevölkerungswachstum in verschiedenen Teilen Deutschlands von 1825–1925 (1825 = 100)

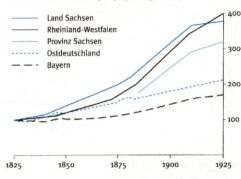

Die Urbanisierung des Bevölkerungszuwachses

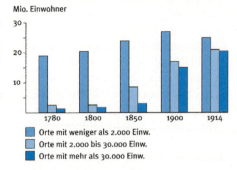

Die Urbanisierung
- Seit 1850 Verstärkung der Landflucht;
- Entstehung zahlreicher Großstädte in den neuen Industriezentren (Bau von Arbeitersiedlungen);
- Vergrößerung zentraler Städte mit Gewerbe infolge
  - Eisenbahn (schneller Massentransport von Verbrauchsgütern aus entfernten agrarischen Gebieten)
  - Entwicklung von Lagertechniken (Kühlhäuser) und Einführung fortschrittlicher sanitärer Verhältnisse
- **Entstehung von Ballungszentren**, die durch eine starke Binnenwanderung in Deutschland von Ost nach West verstärkt wird.

Ein typisches Ballungszentrum ist das Ruhrgebiet mit seinem großen Anteil an zugewanderten Schlesiern und Polen.

Die Entwicklung in den wichtigsten industriellen Bereichen
Kohle und Stahl:
- Kohleabbau in großtechnischen Anlagen;
- Produktivitätszunahme durch technischen Fortschritt;
- Industrieregionen entstehen durch Verlagerung weiterer Industrien in die Kohleabbaugebiete;
- Moderne Kokshochofenverhüttung in großem Ausmaß ab 1840;
- Hüttenindustrie in der Nähe von Kohle oder Erzvorkommen;
- Importabhängigkeit, der einheimische Eisenerzabbau kann mit dem wachsenden Bedarf der Hüttenindustrie nicht Schritt halten;
- **Stahlexport, seit 1853 überstieg die Erzeugung den Bedarf**; 1904 wurde bereits mehr als die Hälfte des erzeugten Eisens exportiert.

Schlesien, Ruhr- und Saargebiet

im Ruhrgebiet von 1850–1870 Verfünffachung der Bergleute und Verzehnfachung der Förderung

Ruhr-, Saargebiet, Oberschlesien, Lothringen ab 1871

Steigende Abhängigkeit vom Außenhandel

Entwicklung der Eisenproduktion und des Eisenbedarfs in Deutschland von 1825–1860/70

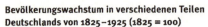

Maschinenbau:
- Vor 1850 wird ein großer Teil der Maschinen (Dampfmaschinen, Lokomotiven, Textilmaschinen) aus England eingeführt;
- die Standorte der Maschinenbauindustrie knüpften oft an vorindustrielle Gewerbetraditionen an, z. B. alte Reichsstädte mit gewerblicher Tradition;
- die bedeutendste Sparte der metallverarbeitenden Industrie ist der Eisenbahnbau, der der deutschen Industrialisierung die stärksten Impulse gab.

*1852: 180 Maschinenfabriken in Preußen, 1875: 1196
Die Eisenbahngesellschaften selbst sind, soweit sie nicht schon staatliche Gründungen sind, sehr bald alle im Staatsbesitz – ein deutliches Zeichen für den staatlichen Einfluss.*

Textilindustrie:
- Der **Textilbereich** hat im 19. Jahrhundert die größte Beschäftigtenzahl, geht aber in der Bedeutung gegenüber dem Maschinenbau **ständig zurück**;
- durch Mechanisierung und Überproduktionen kommt es häufig zum Preisverfall und zu wirtschaftlichen Krisensituationen, vor allem für die im Verlagssystem arbeitenden Handweber (Weberaufstand 1844).

Die Mechanisierung des Textilsektors ging im Gegensatz zu England, wo die Stoffherstellung die Industrialisierung beschleunigt hatte, nur langsam vor sich.

Eisenbahn:
- Der **Fortschritt** im Verkehrswesen wurde **durch** den **stürmischen Ausbau des Eisenbahnnetzes** geprägt. Dieser Ausbau förderte seinerseits wieder die Industrie;
- die Folgen des Eisenbahnbaus waren die verbesserte Versorgung der Bevölkerung in Ballungszentren, billiger Transport von Massengütern (Lockerung der Standortbindung von Industrien) sowie vermehrte und beschleunigte Kommunikation (schneller und billiger Briefverkehr).

*Befürworter: bürgerliche Unternehmer, etwas später das Militär
Gegner: Fuhrleute, Post und Schifffahrt*

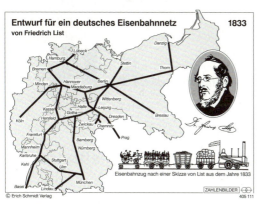

Die Entwicklung in Landwirtschaft und Handwerk
Landwirtschaft:
- Langsame **Verbesserung der sozialen Lage auf dem Land** (Einkommensverbesserungen durch höhere Produktivität);
- Entlastung der engen Verhältnisse auf dem Land durch Auswanderung und Landflucht;

Steigerung der Erträge durch wissenschaftliche Verfahren (z. B. Kunstdünger, Veterinärmedizin)

4

- Einsatz landwirtschaftlicher Maschinen (zuerst in kapitalstarken Großgütern).

Handwerk
- Das Handwerk wird durch industrielle Konkurrenz hart getroffen aber in vielen gewerblichen Bereichen verläuft die Industrialisierung langsam, wenn sie überhaupt stattfindet(z. B. Baugewerbe);
- Anpassung des Handwerks an die veränderte Situation durch Spezialisierung auf industriell nicht fertigbare Produktion;
- Aussterben vieler Handwerksberufe im Lauf der Zeit.

Wagner, Stellmacher, Drechsler, Drahtzieher, Lohgerber u. v. a.

Der Handel
- Von England ausgehend allmählicher **Übergang zum Freihandel**;
- die anderen Staaten Europas ziehen langsam nach;
- nach 1860 in Europa weitgehend Freihandel;
- **nach 1875** vor allem im Agrarbereich Übergang zu neuer **Schutzzollpolitik**, hervorgerufen durch die deutsche „Gründerkrise" 1873;
- **stetige Ausweitung des Außenhandels** in Deutschland.

Senkung bzw. Abschaffung der britischen Zölle ab 1820

Nur die USA schützt sich durch hohe Zölle.

„Neomerkantilismus"

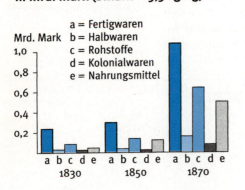

Die Ausfuhr Deutschlands von 1830–1870 in Mrd. Mark (1 Mark = 5,56 g Ag)

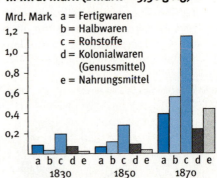

Die Einfuhr Deutschlands von 1830–1870 in Mrd. Mark (1 Mark = 5,56 g Ag)

Ergebnis: Veränderung der Wirtschaftsstruktur vom Agrar- zum Industriestaat

- Im primären Sektor (Landwirtschaft) geht der Anteil der dort Beschäftigten im Vergleich zur Gesamtzahl aller Beschäftigten zurück.
- Im sekundären (Gewerbe und Industrie) und im tertiären Sektor (Verwaltung, Dienstleistungen) nimmt die Zahl der Beschäftigten stark zu.
- **Deutschland entwickelt sich zum Industriestaat**.

4.5 Die soziale Frage und die Versuche zu ihrer Lösung

Voraussetzungen

- Entstehung einer **breiten Schicht gewerblicher Lohnarbeiter** durch Veränderung der Produktionsverhältnisse und der Gesellschaftsstruktur;
- **harte Konkurrenz** bei Überangebot von Arbeitskräften führen in einem liberalen Wirtschaftsystem zu **extrem niedrigen Einkommen**;
- das liberale **Manchestertum** kennt keine Rücksichtnahme ethischer oder moralischer Art im wirtschaftlichen Bereich.

Mechanisierung, Automatisierung, Rationalisierung, Überbevölkerung

Die soziale Lage der Arbeiter

- Die **Einkommensverhältnisse** abhängig Beschäftigter waren in der Regel **sehr schlecht**;
- zwischen Beziehern mittlerer und hoher Einkommen und den Arbeitern entstand eine **tiefe soziale Kluft**;
- die **Wohnverhältnisse** in den neuen Industriegebieten waren für Arbeiter außerordentlich **schlecht**, die Nahrungsmittel aufgrund der Knappheit in den neuen Ballungsgebieten verhältnismäßig teuer;
- die hygienischen und gesundheitlichen Verhältnisse in den jungen Städten ließen zu wünschen übrig;
- die **Arbeiter waren** für den Fall von Krankheit, Arbeitslosigkeit, Arbeitsunfähigkeit und Alter **nicht abgesichert**;
- die **Beschäftigungslage** der Arbeiter **schwankte** je nach Konjunktur und Arbeitslosigkeit kam häufig vor;
- vor allem im Textilgewerbe versuchten die Fabrikanten, durch Frauen- und Kinderarbeit die **Löhne auf ein Minimum** zu drücken;
- **sehr schlecht waren** vor allem die **Arbeitsbedingungen**:
    - Gesundheitsgefährdende und unfallträchtige Arbeitsplätze;
    - Wochenarbeitszeiten bis zu 90 Stunden, kein freier Wochentag;
    - lange Anmarschwege zur Arbeitsstelle infolge fehlender Nahverkehrsverbindungen und Wohnungsnot führten dazu, dass den Arbeitern oft weniger als acht Stunden Schlaf täglich blieben.;
    - feste Arbeitspausen gab es nicht, man aß bei der Arbeit.

Entstehung von Wohnblöcken in Arbeitervierteln (Mietskasernen)
Mit der Vergrößerung der Städte wurden die Wohnungen auf Grund der Bodenknappheit immer teurer. Um 1900 musste eine Arbeiterfamilie etwa ein Drittel des Lohnes für Wohnzwecke aufwenden. [2]

Arbeitslosigkeit bedeutet völlige Verelendung (Lebensgefahr durch Unterkühlung, Unterernährung und Krankheit)

Schon damals wurden Frauen schlechter als Männer bezahlt. Die Löhne der Männer waren aber so knapp, dass Frauen und Kinder mitarbeiten mussten.
Oft wurden Frauen und Kinder bevorzugt vor Männern beschäftigt, weil sie weniger kosteten.

Ausgabenstruktur von Familien unterschiedlicher sozialer Schichten in Sachsen 1857[3]

Ausgaben (in Prozent) für	bemittelte Arbeiterfamilie	Mittelstandsfamilie	Wohlstandsfamilie
Nahrung	62	55	50
Kleidung	16	18	18
Wohnung	12	12	12
Heizung und Beleuchtung	5	5	5
Erziehung, Unterricht etc.	2	3,5	5,5
Öffentliche Sicherheit etc.	1	2	3
Gesundheitspflege etc.	1	2	3

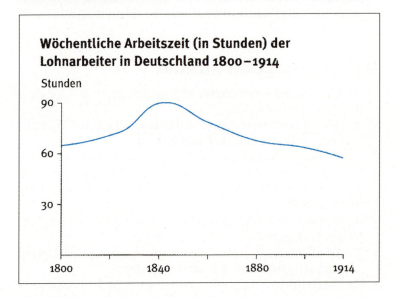

Erste Eingriffe des Staates

- Seit **1828 Verbot der Kinderarbeit** in Preußen, um den Gesundheitszustand der Rekruten zu heben.
- **1839** preußisches **Gesetz zum Schutze der Jugendlichen** in den Fabriken: Kinder unter neun Jahren dürfen in Fabriken nicht arbeiten; Jugendliche dürfen nur tagsüber einschließlich 90 Minuten Pause maximal 10 Stunden arbeiten. Wegen geringer Strafandrohungen und nachlässiger Kontrollen hatte das Gesetz nur wenig Wirkung.
- Um 1840 wurde der Kinderschutz auch in anderen deutschen Ländern (Bayern, Österreich) eingeführt.
- **Frauen** waren lediglich **vor Schwerstarbeit geschützt**. Arbeitszeitbeschränkungen und Schutz der Wöchnerinnen kamen erst später.

Amtliche Inspektionen von Fabriken zur Überwachung der Gesetze kamen erst nach 1850 auf und ab 1878 gab es im Reich obligatorische Kontrollen.

Die Frauen nahmen ihre Kinder oft zum Stillen mit zur Arbeit.

Soziale Hilfsmaßnahmen

- **Unterstützungspflicht der Gemeinden** (Subsidiaritätspflicht seit dem Mittelalter bis heute); ab 1855 gemeindliche Versicherungskassen;
- **Gründung von Kassen durch die Arbeiter** selbst;
- soziale **Einrichtungen durch die Betriebe**, um die Arbeiter zu schützen und an den Betrieb zu binden;
- die Versicherungsleistungen waren selbst für das Lebensnotwendigste zu gering, da größere Beiträge wegen der minimalen Arbeitereinkommen von den Kassen nicht erhoben werden konnten.

„Subsidiaritätspflicht": Pflicht, den sozial Schwachen zu helfen

*Bei Krupp schon ab 1835 erst Krankenkassen, dann Altersversorgungskassen.
1876 waren in solchen Kassen mehr als ein Drittel der Arbeiter und nahezu alle Bergleute bei einer der 88 Knappschaftskassen versichert, aber der Versicherungsschutz war nicht umfassend.*

Politische Lösungsversuche der sozialen Frage

Vorgeschichte

In England und Frankreich, wo sich die Industrialisierung schneller als in Deutschland durchgesetzt hatte, waren schon in den ersten Jahrzehnten des 19. Jahrhunderts theoretische Überlegungen angestellt worden, wie das soziale Elend der Arbeiter verhindert werden könnte. **Sozialphilosophen** (z. B. der Franzose Fourier oder der Engländer Owen) hatten sozialistische, kommunistische oder anarchistische Gesellschaftstheorien formuliert. Ihre Schriften übten auch in Deutschland Einfluss aus (so genannte Frühsozialisten). Der bekannteste deutsche **Sozialist** vor 1848 war der Schneidergeselle **Wilhelm Weitling**. Gerade die Handwerksgesellen, die auf der Wanderschaft weit herum kamen, hatten vieles erfahren, was ihren sesshaften Mitbürgern wegen der unvollkommenen Bildungs- und Kommunikationsstrukturen unzugänglich war. Sie bildeten angesichts ihrer misslichen sozialen Lage einen Hort der Unruhe und hatten sich schon früh außerhalb des deutschen Raumes in Gesellenvereinen organisiert. Waitling, der christlich beeinflusst war, forderte einen konsequenten Gleichheitskommunismus. Er dachte aber nicht „proletarisch", sondern eher handwerklich-ständisch. Nach 1843 ging sein Einfluss zurück. **Seit etwa 1845 begannen Marx und Engels** Einfluss auf die Gesellenvereine auszuüben. Sie schufen eine Gesellschafts-, Wirschafts- und Staatstheorie, die sie als objektiv wissenschaftlich verstanden wissen wollten. **1848** formulierte Marx diese Gedanken im so genannten **Kommunistischen Manifest**.

In der Romantik beschäftigten sich auch einige Dichter mit dieser Frage, wie etwa Georg Büchner oder Heinrich Heine.

Vor allem in Frankreich und in der Schweiz

Grund für die Organisation im Ausland waren die heftigen Verfolgungen durch die Karlsbader Beschlüsse.

Die Bemühungen der Kirchen

Zugleich begann sich in den Kirchen der Widerstand gegen die sozialen Missstände zu regen. **Wilhelm Emanuel Freiherr von Ketteler und Adolf Kolping** auf katholischer, sowie **Johann Heinrich Wichern und Friedrich von Bodelschwingh** auf evangelischer Seite waren die führenden Persönlichkeiten.

4 | *Ketteler fordert z.B. christlichgenossenschaftliche „Produktivassoziationen"*

Anfänglich hofften die Kirchen, die soziale Frage durch Veränderung der Gesinnung und Einsicht in das christliche Liebesgebot lösen zu können. Daraus erklärt sich seit 1845 die Gründung von christlichen Vereinen für Gesellen und Arbeiter durch Kolping (Kolpingvereine) und Wichern (Innere Mission und männliche Diakonie).

Von Bodelschwingh gründete in Bethel eine Anstalt für Behinderte (Bethel'sche Anstalten).

1869 Predigt Ketteler auf der Liebfrauenheide bei Offenbach: „Magna Charta der christlichen Arbeiterbewegung". Die Kirche fordert vor allem das energische Eingreifen des Staates.

Ab 1860 stellt die katholische Kirche konkrete Forderungen an Staat und Gesellschaft zur Lösung der sozialen Probleme:

- **Der neu entstehende politische Katholizismus kämpft** an zwei Fronten: gegen den Liberalismus, den er für die soziale Misere verantwortlich macht, und gegen den atheistischen Marxismus;
- die päpstliche Enzyklika „Rerum novarum" fordert staatliches Eingreifen (1891);

katholische Arbeitervereine 1890 ca. 65 000 Mitglieder; evangelische Arbeitervereine 1890 ca. 40 000 Mitglieder, dagegen „freie" Gewerkschaften 400 000 Mitglieder

- 1878 Gründung der „Christlich-sozialen Arbeiterpartei" des evangelischen Hofpredigers Stöcker in Berlin;
- insgesamt blieb das Echo bei der Arbeiterschaft, verglichen mit dem der Sozialisten gering, vor allem weil die **Kirchen zu spät und oft nur zögernd eingegriffen** hatten.

Die sozialistische Bewegung

- Gründung des Allgemeinen Deutschen Arbeitervereins (ADAV) durch den Berliner Salonsozialisten **Ferdinand Lassalle**. Lassalle war nicht revolutionär eingestellt. Der Staat muss reformiert werden, die Produktion auf genossenschaftlicher Basis erfolgen. Wo möglich, soll mit dem reformierten Staat kooperiert werden;

Evolutionärer Weg statt Revolution

- im gleichen Jahr Gründung des Verbands deutscher Arbeitervereine durch **August Bebel** (marxistisch) (VDAV);

Eisenacher Programm

- 1869 nach Lassalles Tod Vereinigung von Teilen des ADAV mit dem VDAV zur Sozialdemokratischen Arbeiterpartei;

Gothaer Programm

- unter dem Druck der Sozialistengesetze 1875 Gründung der sozialistischen Arbeiterpartei Deutschlands durch Übertritt der Reste der ADAV;

Erfurter Programm
Von Lassalles Ideen blieb so gut wie nichts mehr übrig.

- **1891**, nach Aufhebung des Sozialistengesetzes und **ideologischem Verzicht auf die Revolution**, Umbenennung in „Sozialdemokratische Partei Deutschlands" (SPD).

Die wichtigsten Theorien der Sozialisten nach 1848

Ferdinand Lassalle

Sein **„Ehernes Lohngesetz"** besagt, dass bei guten Löhnen die Arbeiterzahl aufgrund besserer Versorgung, durch Zuwanderung aus anderen Bereichen, vor allem aber durch geringere Sterblichkeit und höhere Geburtenraten, ansteigt. Das entstehende Überangebot an Arbeit lässt die Löhne sinken. Die Folgen sind Arbeiterelend und Verminderung der Arbeiterzahlen, so dass die Löhne wieder steigen und der Kreislauf von Neuem beginnt. Um das zu verhindern, muss an die arbeitende Bevölkerung regelmäßig ein so genanntes „konventionales Existenzminimum" als Lohn gezahlt werden.

Lassalle fordert nicht Revolution, sondern Aufhebung des Zensuswahlrechts, denn die Arbeiter seien zahlreich genug, um dann im Parlament ihre Politik durchsetzen zu können. Die Produktion soll in genossenschaftlicher Form erfolgen.

Karl Marx und Friedrich Engels
- Der **Fabrikarbeiter** ist durch die industriellen Produktionsverhältnisse vom Produkt seiner Arbeit, mithin **von der Arbeit** selbst, und seinen Arbeitskollegen und damit auch sich selbst **entfremdet („Entfremdungstheorie")**.
- Der Wert einer Ware ist durch den Wert der entsprechenden Arbeit bestimmt. Der Wert der Arbeit ist den Lebensbedürfnissen eines Menschen gleichsetzbar. Arbeitskraft kann aber mehr produzieren, als sie entsprechend der Lebensbedürfnisse wert wäre, den Mehrwert. **Industrielle Profite** sind nichts anderes als die **Aneignung dieses Mehrwertes** durch den Unternehmer **(„Mehrwerttheorie")**.
- Durch industrielle Expansion* und Vernichtung der Konkurrenz akkumuliert sich das Kapital der Besitzenden. Immer weniger Kapitalisten beuten immer mehr Lohnabhängige aus. Ihre immer größer werdende Macht erlaubt es ihnen, immer mehr Mehrwert an sich zu reißen. **Es gibt immer weniger, aber um so kapitalstärkere Besitzende und immer mehr stetig verelende Arbeiter („Akkumulationstheorie" und „Verelendungstheorie")**.
- Die wenigen übrig gebliebenen Kapitalisten, werden von der **Revolution der proletarischen Massen** hinweggefegt. Je länger die Arbeiterklasse wartet, um so leichter ist die Revolution. Es ist aber legitim, wenn die Arbeiterklasse nicht lange warten will, den unvermeidlichen historischen Prozess abkürzt und ihr Elend beendet **(„Revolutionstheorie")**.
- **Die Geschichte ist die Geschichte von Klassenkämpfen**. Im Laufe der Zeit haben die unterdrückten Klassen die jeweils herrschende Klasse durch Revolution beseitigt. Die Vernichtung der herrschenden bürgerlich-kapitalistischen Klasse durch das revolutionäre Proletariat ist also ein historisch unvermeidlicher Prozess, der weder aufzuhalten noch umzukehren ist **(„Historischer Materialismus")**.

Karl Marx (1818–1883) stammte aus einer Trierer Kaufmannsfamilie. Anfangs demokratischer Radikaler, wurde er als Herausgeber der Kölner „Rheinischen Zeitung" wegen heftiger Angriffe auf die preußische Regierung 1843 des Landes verwiesen. 1844 bis 1848 lebte er in Paris und Brüssel, wo er Engels kennen lernte. Die enge Freundschaft und Zusammenarbeit zwischen beiden hielt bis zu ihrem Lebensende an.

Friedrich Engels (1820–1895) störte sich schon früh an der Scheinheiligkeit der Kaufleute und Industriellen. 1848 nahmen Marx und Engels an der Revolution in Deutschland teil, Engels als Offizier in der badischen Revolutionsarmee. Nach 1850 ermöglichte der Engel'sche Fabrikbesitz in Manchester beiden das Leben im Londoner Exil. Engels hatte schon 1845 in dem Buch „Die Lage der arbeitenden Klasse in England" die erschreckende Situation der englischen Arbeiter beschrieben und im Vorwort vor einer parallelen Entwicklung in Deutschland gewarnt.

1848 verfassten Marx und Engels das „Kommunistische Manifest", in dem die Gedanken des „wissenschaftlichen" Sozialismus knapp wiedergegeben sind. Das theoretische Hauptwerk, „Das Kapital", erschien erst zwischen 1867 und 1893 in drei Bänden. Erst ab etwa 1875 gewannen die Ideen an Bedeutung in der Öffentlichkeit.

4 Die Entwicklung von Gewerkschaften in Deutschland

- **Vorbild** ist die **englische Gewerkschaftsbewegung** nach Aufhebung des Koalitionsverbots in England 1828.
- **Deutsche Handwerksvereine im Ausland** existieren schon **vor 1848**; aufgrund der Karlsbader Beschlüsse sind sie im Rahmen des Deutschen Bundes nicht möglich.
- Vor 1848 gab es nur Arbeiterbildungsvereine auf Initiative des liberalen Bürgertums und christliche Gesellen- und Arbeitervereine.
- Buchdruckervereinigungen bestehen seit 1847.
- Nach Aufhebung des Koalitionsverbotes im Verlauf der Revolution von 1848 „Allgemeiner Deutscher Arbeiterkongress" auf Initiative Stefan Borns. Gründung der „Allgemeinen deutschen Arbeiterverbrüderung" auf diesem Kongress.
- Nach dem Sieg der Reaktion Beschränkung auf den sozialen und Bildungsbereich bei den Arbeiter- und Handwerkervereinigungen.
- 1862 Fortbildungsverein für Buchdrucker; Hauptziel des Vereins war die Vertretung von Arbeitsinteressen.
- **Aufhebung des Koalitionsverbots für Arbeiter** in den deutschen Staaten (**ab 1861 bis 1869**).
- Bildung verschiedener Gewerkschaften: „Hirsch-Duncker'sche Gewerkvereine", sozialdemokratische Gewerkschaften und später christliche Gewerkschaften.
- Zusammenschluss der beiden größten sozialistischen Gewerkschaften, des „Allgemeinen Deutschen Arbeiterschaftsverbands" (Lassalle) mit den von Bebel und Liebknecht gegründeten „Internationalen Gewerkschaftsgenossenschaften" (1875).
- Nach der Behinderung durch die Sozialistengesetzgebung **stetiger Aufstieg der Gewerkschaften (ab 1890)**.

Die Liberalen führten das Elend der Arbeiter oft auf deren mangelnde Bildung zurück.

Born kam aus dem Umfeld von Karl Marx

Die Buchdrucker waren die gebildetsten und belesensten Handwerker und Arbeiter. Sachsen 1861, Preußen 1867

Der linksliberale Politiker Max Hirsch glaubte, die soziale Frage durch Gewerkschaftsgründungen nach englischem Vorbild lösen zu können. Mit Unterstützung der liberalen Deutschen Fortschrittspartei, vor allem der liberalen Politiker Schulze-Delitzsch und Duncker, entstanden zahlreiche dieser liberalen Gewerkschaften.

Die privatunternehmerischen Initiativen

Wie die kirchlichen Lösungsversuche, so bleiben auch die unternehmerischen Initiativen beschränkt. Nur wenige wie Krupp, Stumm oder Harkort, suchen Wege zur Verbesserung der sozialen Lage der Proletarier, die in ihren Fabriken arbeiten. Die Einstellung, aus der heraus diese Unternehmer helfen, ist vor allem **patriarchalisch* geprägt**. Der Betrieb wird, wie ein mittelalterlicher Handwerksbetrieb, als große Familie betrachtet, über die ein gestrenger Vater herrscht. Folgende Einrichtungen werden vorrangig geschaffen:

- **Arbeitersiedlungen** mit verbilligten Wohnungen;
- **betriebseigene Läden** mit verbilligten Lebensmitteln;
- **Betriebskrankenkassen**;
- **Ausbau von Schulen** und anderen **Bildungseinrichtungen**.

Versuche zur Lösung der sozialen Frage in Deutschland[4]

	Private betriebliche Sozialpolitik der Unternehmer (Krupp, Stumm u.a.)	Bürgerliche Wissenschaftler Verein für soziale Politik, 1873 so genannte „Kathedersozialisten"	Staatliche Gesetzgebung und Sozialpolitik (Bismarck u. später)	Gewerkschaften	Arbeiterparteien (SPD)	Christliche Kirchen	Christliche Parteien
Leistungen bzw. Forderungen	Betriebskrankenkassen Betriebliche Altersversorgung, Unterstützung in Notlagen, Werkswohnungen, Werkskantinen	Befürwortung von Tarifverträgen, Arbeitslosenversicherung, Anerkennung der Gewerkschaften Staatliche Sozialpolitik Erörterung sozialpolitischer Fragen in der Öffentlichkeit, um soziale Gesetzgebung des Staates anzuregen und vorzubereiten	1883 Krankenversicherungsgesetz 1884 Unfallversicherungsgesetz 1889 Invaliden- und Altersversicherungsgesetz 1911 Versicherungsgesetz für Angestellte 1916 Arbeiterausschüsse in Betrieben mit über 50 Mitarbeitern Paritätisch besetzte Schlichtungsausschüsse	Hirsch-Duncker'scher Gewerkschaftsverein liberal, ab 1868 1875: 30000 Mitglieder Lassalle'sche Richtung 1875: 50000 Mitglieder Freie Gewerkschaften 1868/1890: Verbindung mit der SPD 1890: Generalkommission der freien Gewerkschaften (Dachverband) Christliche Gewerkschaften 1894 unterstützt von der Zentrumspartei	Allgemeines gleiches Stimmrecht und politische Macht als Voraussetzung für eine wirksame Verbesserung der wirtschaftlichen Verhältnisse innerhalb des bestehenden Staates und der Gesellschaft Koalitionsrecht Sozialgesetzgebung Eroberung der politischen Macht mit friedlichen Mitteln	**Katholische Kirche Adolf Kolping** 1813–1865 Gesellenvereine und Gesellenhäuser 1849 Caritas 1897: Fürsorge für Notleidende **Bischof Wilh. Emanuel Freiherr v. Ketteler** 1811–1877: publizistische Tätigkeit, fordert aktive Sozialpolitik durch den Staat: „Durch Gesinnungsreform zur Besserung der Gesellschaft" **Evangelische Kirche Joh. Hinrich Wichern** 1808–1881: Soziale Fürsorge für Notleidende, Rettungshaus 1833, Innere Mission 1848 **Friedrich v. Bodelschwingh** 1831–1910: Bethel 1872 „Taten rettender Liebe aus dem Glauben"	**Katholische Zentrumspartei** 1870/1876 Förderung aller Interessen des Arbeiterstandes Staatliche Sozialpolitik Gegen Junkertum und Lohnsklaverei des liberalen Kapitalismus
Ziele und Grundsätze	Betrieb als Herrschafts-, Produktionsbereich und Lebensgemeinschaft Verantwortung des Unternehmers für Staat und Christentum gegenüber der Fabrik und den Arbeitern „Alles für den Arbeiter - nichts durch den Arbeiter"	„Verbindung von Regierungs-, Gesellschafts- und Selbsthilfe"	Umfassender Schutz des Arbeiters gegen Krankheit und Not als Rechtsanspruch Versöhnung der Arbeiterschaft mit dem Staat - Kampf gegen die Sozialdemokratie	Verbesserung der Lohn- und Arbeitsbedingungen gegenseitige Hilfe in Notfällen gemeinsame Aktionen (Streik als Mittel) Selbsthilfe durch Solidarität	„Revolution mit dem Stimmzettel" Selbsthilfe durch Politik im Parlament	Evang. Arbeitervereine; Unterstützung in Krankheits- und Todesfällen, Pflege des Glaubens, Hebung der Bildung, Friede zwischen Arbeitgeber und Arbeitnehmer Treue zu Kaiser und Reich	**Christlich-soziale Arbeiterpartei** (Stöcker), 1878 Friedliche Organisation der Arbeiter, Reformen nur zusammen mit dem Staat und den anderen gesellschaftlichen Gruppen Arbeiterschutz „Christentum – Monarchie – Sozialreform"

Zusammenfassung: Industrialisierung und soziale Frage

Seit etwa 1815 beginnt auch in Deutschland zuerst allmählich, dann zunehmend schneller eine grundlegende Veränderung der ökonomischen und gesellschaftlichen Strukturen. Rasante Bevölkerungszunahme mit Landflucht und Entstehung städtischer Ballungszentren, liberales Gedankengut und Liberalisierung starrer ökonomischer Verhältnisse, aufgeklärte Verwissenschaftlichung der landwirtschaftlichen und gewerblichen Produktion, zunehmende öffentliche Bildung und gesellschaftliche Mobilität, der Blick auf das englische Vorbild, zahlreiche gewerbliche Traditionen, reiche Rohstoffvorkommen sowie fiskalisches* und militärisches Interesse an Technik und Industrie bündeln sich zu einem Ursachenkomplex, der Deutschland bis 1890 zum Industriestaat macht.

Erst ab 1850 erlauben die Kapitalentwicklung, die Möglichkeiten der deutschen Finanzmärkte und die Rechtslage die Entstehung großer industrieller Komplexe.

Leitindustrie ist zuerst die Kohle- und Stahlherstellung sowie die Folgeindustrie, vor allem für den Eisenbahnbau, der die Verkehrswege revolutioniert, später die Kohlechemie und die Elektroindustrie.

Eine wesentliche Rolle bei der Industrialisierung Deutschlands kommt dem deutschen Zollverein zu, der im Bereich des Deutschen Bundes einen großen, einheitlichen Markt schafft. Dieser Markt ist aber in Deutschland selten ein echter Freimarkt, die spätabsolutistischen Regierungssysteme in Deutschland greifen entsprechend ihrem Interesse in den Markt ein.

Ergebnisse der Industrialisierung ist das Entstehen einer reichen Schicht von Industriellen, die sich auf die Dauer mit dem Adel als herrschende Schicht vermischt, die Entstehung eines Industrieproletariats, das sich zunehmend als eigene soziale Klasse (Arbeiterklasse) versteht, das Zerbrechen des sozialen ländlichen Verbandes der Großfamilie und das Entstehen der sozial anfälligeren städtischen Kleinfamilie, die ohne die durch die Großfamilie meist gewährleistbare soziale Fürsorge im Alter und bei Krankheit auskommen muss.

Die Lösungsversuche der sozialen Frage geben den Kirchen die Gelegenheit, sich wieder den entfremdeten Arbeiterschichten anzunähern, die aber mehrheitlich sozialistischem Gedankengut näher stehen, das zu dieser Zeit entsteht und in den Theorien von Marx und Engels seinen Höhepunkt findet. Zugleich versuchen die lohnabhängigen Arbeiter durch gewerkschaftliche Zusammenschlüsse ihre Interessen geltend zu machen und durch Sozialkassen ihr Existenzrisiko etwas zu mildern. Der patriarchalisch-konservative Lösungsansatz des Unternehmertums selbst bezieht sich oft eher darauf, die Lebensumstände der knapp entlohnten Arbeitskräfte ohne allzu große weitere Kosten erträglicher zu gestalten und die Arbeitskräfte im eigenen Sinne umzuerziehen.

Der Staat greift erst relativ spät und gemäß dem Minimalprinzip gegen die soziale Kälte des frühen liberalen Unternehmertums ein. Immerhin wird Kinderarbeit verboten und Frauenarbeit begrenzt.

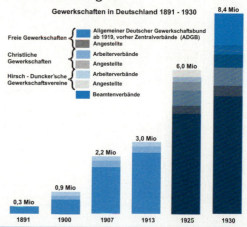

Die Ära Bismarck in Preußen und Deutschland

5

Die Kaiserproklamation in Versailles von 1871

Diese Karikatur Bismarcks vor dem norddeutschen Reichstag aus dem Wiener „Figaro" verdeutlicht Bismarcks Haltung zum Parlamentarismus (1870)

5

5.1 Der Aufstieg Preußens unter Bismarck

Bismarcks Aufstieg

„Preußischer Krautjunker"

Otto von Bismarck wurde 1815 als Sproß einer feudalen* märkischen Großgrundbesitzerfamilie geboren. Dem altkonservativ-feudalen, preußischen und protestantischen Gedankengut dieses sozialen Umfeldes blieb er sein ganzes Leben weitgehend treu.

Albrecht von Roon (1803–1878) war der Freund und Förderer Bismarcks.

Der Jurist wurde 1847 Abgeordneter der äußersten Rechten im preußischen Landtag. Ab 1851 wirkte er für acht Jahre als Bundesgesandter in Frankfurt. Auf Grund der dortigen Erfahrungen entwarf Bismarck seine ersten außenpolitischen Konzepte. Seine in Frankfurt entwickelte Ablehnung Österreichs führte 1859 dazu, dass er als Gesandter an den russischen Hof versetzt wurde. 1862 wurde er Gesandter in Paris. Anfänglich hatte der preußische König gegen Bismarck, der ihm vor allem von Kriegsminister Roon ab 1860 mehrfach als Minister vorgeschlagen worden war, eine persönliche Abneigung („zu flatterhaft").

Otto von Bismarck

„Grundsätze wirft man, auf die Probe gestellt, weg, wie der Bauer die Pantoffeln und läuft, wie einem die Füße gewachsen sind."[1]

Die Prinzipien der Politik Bismarcks

Schon während seiner Zeit als Gesandter in Frankfurt, Petersburg und Paris formulierte Bismarck die Grundsätze seiner Politik.

Staatsegoismus
Eigennutz ist die Grundlage eines gesunden Staates, der nicht für Dinge außerhalb seiner Interessensphäre kämpft.

Unideologisches Zweckmäßigkeitsprinzip
Weder konservative noch liberale Ideen sind Ziele, nur der Vorteil des Staates zählt. Die Staatsform eines anderen außenpolitischen Systems bildet keinen politischen Maßstab (Realpolitik).

Ausgleichspolitik
Ziel der Außenpolitik ist nicht Überlegenheit, sondern ein stabiles Gleichgewicht der Mächte.

Die deutsche Frage
Die nationale Idee in Deutschland soll Mittel sein, die preußische Vorherrschaft über Deutschland zu realisieren. Trotz allem Pragmatismus* bleibt Bismarck persönlich ein überzeugter, preußisch-konservativer Monarchist.

Der Heereskonflikt (Verfassungskonflikt) in Preußen

Ursache
Die sich seit dem Krimkrieg* zuspitzende außenpolitische Lage in Europa schien eine Reform und Verstärkung des preußischen Heeres zu erfordern. Grundsätzlich wäre eine Mehrheit im preußischen Abgeordnetenhaus, das den **neuen Heeresetat** bewilligen musste, zu erwarten gewesen, denn die liberale Mehrheit im Landtag konnte in einer verstärkten preußischen Armee einen Schritt in Richtung der erwünschten nationalen Einigung Deutschlands sehen. Das Gesamtpaket der Maßnahmen, die zur Reform des preußischen Heeres vorgesehen waren, erschien jedoch den bürgerlichen Abgeordneten als **Zumutung**, da:
- die Reform als zu kostspielig angesehen wurde;
- die vorgesehene Verlängerung der Wehrpflicht auf drei Jahre beim Bürgertum allgemein auf Ablehnung stieß;
- die Stellung der Landwehr*, welche die stärkste bürgerliche Komponente im ansonsten feudal dominierten preußischen Heer bildete, entscheidend geschwächt werden sollte;
- die Liberalen den König verdächtigten, im Heer das monarchische Prinzip („Soldat als Untertan") gegen das liberale („Soldat als Staatsbürger in des Königs Rock") verstärkt durchsetzen zu wollen.

Aufstieg Frankreichs zur führenden Militärmacht Europas; Italienischer Nationalkrieg (1859); Englisch-Russischer Gegensatz wegen des von Russland gewünschten Zugangs zu den Weltmeeren (Krimkrieg 1854–56)

Von 1813 bis 1859 betrug die Wehrpflicht drei, dann nur noch zwei Jahre.

Roon: „Die Seele des Soldaten darf nicht an seiner Heimat hängen, sondern an seiner Fahne."²

Verlauf
Zuerst (1860/61) bewilligte der preußische Landtag vorläufig die geforderten Mittel. Nach den Wahlen im Dezember 1861, die die bürgerlich-liberale Mehrheit im Abgeordnetenhaus wesentlich verstärkten, wurde die Zusammenarbeit mit dem König und seinem Kabinett unmöglich.
Wilhelm I. löste das Parlament auf und schrieb Neuwahlen aus (1862), die die liberale Mehrheit im Parlament bestätigten. Der König blieb aber unnachgiebig und dachte an Abdankung. Der preußische Kriegsminister Roon holte Bismarck aus Paris nach Berlin zurück.
Dadurch entstand zwischen monarchischem Staat und bürgerlicher Gesellschaft ein **Streit um die Grundfragen der Verfassung** in Politik und Gesellschaft.

Der König hielt das Provisorium anfänglich für endgültig. Wilhelm I. ist seit 1861 König.

*Wilhelm: „Ich lasse mich nicht zum Sklaven des Parlaments machen!"³
Die Abdankung war schon geschrieben, nur Datum und Unterschrift fehlten noch.
Roons Telegramm: „Periculum in mora. Depêchez-vous."⁴*

Ergebnis
Der preußische König berief den ungeliebten Otto von Bismarck zum Ministerpräsidenten.
Bismarck überging das Budgetrecht* des Parlaments nach der so genannten **„Lückentheorie"**. Diese besagte, dass der König im Streitfall zwischen Krone und Volksvertretung das Recht habe, deren Entscheidungen zu missachten, weil die Verfassung Preußens

„Kampfminister gegen das Parlament"⁵

Die „Lückentheorie" war das Werk konservativer preußischer Staatsrechtler.

für diesen Fall keine Lösung vorgesehen habe. Da der König Parlament und Verfassung von sich aus dem Volk zugestanden habe, gingen im Falle der Unregierbarkeit Preußens die Rechte des Parlaments wieder auf ihn über.

Folge
Bismarck machte sich als „Verfassungsbrecher" bei den Nationalen und Liberalen verhasst, zumal er 1863 die Niederschlagung des polnischen Nationalaufstandes* durch den Zaren mit der Schließung der preußischen Ostgrenze unterstützte.

Konvention von Alvensleben

Der deutsch-dänische Krieg und der deutsche Krieg

Der deutsch-dänische Krieg

Ursache

Noch heute dänische Minderheit in Schleswig

Mit dem Aufflammen nationaler Ideen in **Dänemark** seit 1848 **versuchte** dieses, das teilweise dänisch sprechende **Schleswig**, das der dänischen Krone in Personalunion* verbunden war, **dem dänischen Staat einzuverleiben**. Dies bedeutete einen Bruch des Londoner Protokolls, das die Trennung Schleswigs von Holstein, welches dem Deutschen Bund angehörte, untersagte.

Londoner Protokoll von 1852
Schleswig und Holstein: Vertrag von Ripen (1460) „auf ewig ungeteilt"

Verlauf
Während die deutsche Öffentlichkeit als Reaktion die Unabhängigkeit Schleswig-Holsteins unter Missachtung des Londoner Protokolls forderte, verprellte Bismarck, der sich dabei sogar gegen den eigenen König stellte (Rücktrittsdrohung), die deutsche Einheitsbewegung erneut, indem er, im Blick auf das Ausland, die völkerrechtliche Einhaltung des Londoner Protokolls verlangte. Österreich, welches sich zuvor (1863) durch den Vorschlag einer deutschen Bundesreform, den Bismarck ebenfalls unterlaufen hatte, beim nationalen deutschen Bürgertum weitere Sympathien erworben hatte, stellte sich nun ebenfalls auf die Seite Bismarcks, wodurch es bei der nationalen Bewegung an Ansehen verlor.

Preußen nahm am Fürstentag in Frankfurt 1863 nicht teil.

Preußen und Österreich schlugen Dänemark in einem gemeinsamen Feldzug. Nach dem Sieg kamen beide Mächte überein, die Verwaltung des Gebietes zu teilen. **Österreich übernahm die Verwaltung Holsteins, Preußen die von Schleswig**. Dabei war Österreich in jeder Beziehung im Nachteil, da das zu verwaltende Gebiet weit vom Mutterland entfernt lag und dazu noch von Preußen, das ja das nördlich gelegene Schleswig übernommen hatte, eingekreist war. Die kaum verhüllten Absichten **Preußens**, über kurz oder lang die Elbherzogtümer zu annektieren, führten zum **Konflikt mit Österreich**, das versuchte, das Herzogtum Schleswig-Holstein der alten Augustenburger Linie zu erhalten.

Sturm auf die Düppeler Schanzen (1864)

Vertrag von Gastein (1865) Preußen erhält Wegerecht durch Holstein.

Im Londoner Protokoll den Augustenburgern ohne Erbrecht zugestanden

5

Der deutsche Krieg (Bruderkrieg)

Ursache

Mittlerweile wuchs **bei beiden deutschen Mächten die Entschlossenheit, das Problem des deutschen Dualismus mit Waffengewalt zu lösen**. Der Anlass zum Krieg konnte in der offenen SchleswigHolsteinischen Frage gefunden werden. Dementsprechend bereiteten die Diplomaten beider Staaten den Krieg vor. Bismarck wusste sich dabei in der günstigeren außenpolitischen Lage, denn:

- Das Zarenreich stand seit der Unterstützung der Niederschlagung des Polenaufstandes* von Seiten Preußens hinter Bismarck.
- Italien, der Hauptfeind Österreichs, war zum Kriegsbündnis sogleich bereit und bekam im Siegesfall Venetien von Preußen versprochen.
- England, mit dem Aufbau seines Weltreichs beschäftigt, sah seine Interessen nicht berührt und blieb neutral.
- Frankreich, das wieder zur Großmacht aufgestiegen war, wurde von beiden Kontrahenten umworben. Napoleon III. hoffte im Konflikt beider deutschen Mächte auf Gebietsgewinne am Rhein und auf eine Schwächung Österreichs und Preußens. Deshalb verhielt sich Frankreich, da es von beiden Seiten Versprechungen erhalten hatte, neutral.

Bismarck 1862 zur Lösung der deutschen Frage: „Nicht durch Reden und Majoritätsbeschlüsse werden die Fragen der Zeit entschieden – das ist der Fehler von 1848 und 1849 gewesen – sondern durch Eisen und Blut…" [6]
Diese so genannte Blut-und-Eisen-Rede löste unter den deutschen Liberalen und Nationalen heftige Kontroversen aus und machte Bismarck in Deutschland noch unbeliebter, als er ohnehin schon war.

Verlauf

Die Donaumonarchie beschloss, die Schleswig-Holsteinische Frage dem Urteil des gesamten Deutschen Bundes zu unterwerfen. Die Vorlage dieser Streitfrage in Frankfurt wurde aber von Preußen als Bruch des Abkommens von Gastein (1865) betrachtet, in dem die Teilung Schleswig-Holsteins zwischen beiden Mächten abgesprochen worden war. **Preußen besetzte** in der Folge **Holstein**. Österreich forderte daraufhin vom Deutschen Bund die Mobilmachung* gegen Preußen, da Preußen mit der eigenmächtigen Besetzung Holsteins gegen die Bundesakte verstoßen habe. Nachdem der Deutsche Bund zusammen mit Österreich die Mobilmachung beschlossen hatte, trat Preußen aus dem Bund aus. Die nachfolgende **militärische Auseinandersetzung** fand **zwischen 13 „bundestreuen Staaten" unter Führung Österreichs (süddeutsche Staaten, Sachsen und Hannover) und 18 „Sezessionsstaaten"* unter preußischer Führung statt** (Klein- und Mittelstaaten Norddeutschlands).

Die **Entscheidung fiel in der Schlacht von Königgrätz** in Böhmen. Aufgrund der besseren technischen Bewaffnung, überlegener Taktik und der moderneren Strategie der preußischen Armee musste das **österreichische Heer eine schwere Niederlage** hinnehmen. Auch die österreichischen Bundesgenossen in Süd- und Norddeutschland wurden schnell geschlagen.

Art. 19 der Bundesakte verbietet den Mitgliedern Selbsthilfe ohne Absprache mit den deutschen Verbündeten.

Auch Kurhessen, Hessen-Darmstadt

Die Ursachen der Überlegenheit waren das neue Zündnadelgewehr, völlige Aufgabe der Lineartaktik, Marsch mit der Eisenbahn, Vernichtung durch Umfassung (Moltke).

5

Frankreich erwartet Kompensationen.

Annektierte Staaten: Hannover, Kurhessen, Nassau, Frankfurt, Schleswig-Holstein

Ergebnis des „Bruderkrieges"
Österreich trat Venetien an Italien ab, obwohl es gegen Italien Siege errungen hatte, und bat Napoleon III. um Vermittlung. Frankreich hielt sich weiterhin zurück, da Bismarck versprach, den Machtbereich Preußens nicht nach Süddeutschland auszudehnen.
Österreich, das von Bismarck weitgehend verschont wurde, musste im Frieden von Nikolsburg folgende Zugeständnisse machen:
- Annexion der norddeutschen Staaten, welche gegen Preußen gekämpft hatten, durch Preußen;
- Neuordnung Deutschlands ohne österreichische Beteiligung;
- Errichtung eines deutschen Nordbundes unter preußischer Führung;
- Bildung eines unabhängigen Südbundes, der seine Beziehungen zum Nordbund selbst frei regelt.

Die Folgen des Krieges
- Der Streit um eine groß- oder **kleindeutsche Lösung** war zugunsten der letzteren weitgehend entschieden.
- Preußens Stellung als Großmacht in Mitteleuropa wurde entscheidend gestärkt.

Ab 1867 k. u. k.-Monarchie; Magyarisierung; 1913 im k.u.k.-Kabinett fast nur noch ungarische Minister

Der bayerische Liberale Karl Brater: „Jeder Sieg - eine Niederlage!"

- **Österreich zog sich aus Deutschland zurück**, der Einfluss der Balkanvölker wurde für Österreich bestimmend.
- Die deutsche Einheit wurde nicht durch den bürgerlichen nationalen Kampf gefördert, sondern durch den feudalistischen Kabinettskrieg, dem die liberale Nationalbewegung hilflos gegenüberstand.
- Der **Erfolg rechtfertigte Bismarcks Vorgehen** gegenüber dem preußischen Landtag, der einer nachträglichen Budgetbewilligung* zustimmte (Indemnitätsvorlage*).

5.2 Die Reichsgründung

Voraussetzungen und Ursachen

Die Neuordnung Norddeutschlands nach 1866 durch den Norddeutschen Bund
Die Grundzüge der Verfassung des Norddeutschen Bundes 1866:
- Der geistige Vater der Bundesverfassung ist Bismarck. Bundespräsident ist der jeweilige König von Preußen.
- Oberstes Organ ist der Bundesrat der Fürsten mit preußischem Vetorecht* (17 von 43 Stimmen).
- Der Reichstag, der aus allgemeinen direkten und geheimen Wahlen hervorgeht, übt mit dem Bundesrat die Gesetzgebung aus. Dieses Parlament ist das Zugeständnis an die Liberalen.

- Der Bundeskanzler (Bismarck) ist dem Reichstag nicht verantwortlich und wird vom preußischen König ernannt.

Die Folgen der Gründung des Norddeutschen Bundes:
Die Gründung des Norddeutschen Bundes bewirkte die **Hegemonie Preußens über die nicht** annektierten* **deutschen Staaten** nördlich der Mainlinie und nahm wichtige Grundzüge der Reichsverfassung 1871 vorweg.

Die süddeutschen Klein- und Mittelstaaten
Anbindung an Preußen:
Wegen der territorialen Bedrohung durch Frankreich schließen sie geheime Schutz- und Trutzbündnisse mit Preußen ab. Der militärische Anschluss wird durch Anpassung der Heeresorganisationen an das preußische Modell gewährleistet, der wirtschaftliche Anschluss an den Norddeutschen Bund durch neue Zollvereinsverträge.
Dadurch gerieten die Staaten in ökonomische, politische und militärische Abhängigkeit von Preußen. Gleichzeitig entstand Misstrauen großer süddeutscher Bevölkerungsteile gegenüber einem preußisch-protestantisch geführten Nationalstaat.

Von Frankreich territorial bedroht schienen vor allem die Pfalz und Baden.

Vor allem der süddeutsche Katholizismus hegte nicht ganz zu Unrecht Misstrauen, wie sich später zeigte (Kulturkampf).

Napoleon III. und Frankreich
Der 1808 geborene Neffe Napoleons I. war in der Februarrevolution von 1848 zum Präsidenten der Französischen Republik gewählt worden. Nach einem Staatsstreich ließ er sich 1852 durch Volksabstimmung als französischer Kaiser bestätigen.
Seine außenpolitischen Konzeptionen waren an den Traditionen des großen Onkels orientiert:
- Wiederherstellung der „Größe" und Ehre Frankreichs;
- Beendigung der politischen Isolation Frankreichs durch das Wiener Vertragswerk von 1815;
- Erringung der Hegemonialstellung Frankreichs auf dem europäischen Festland.

„grandeur, gloire"

„Rheinpolitik" („Frankreich in seinen natürlichen Grenzen")

Nach dem Bündnis mit England im Krimkrieg* und dem gemeinsamen Sieg über Russland (1856) sowie den französisch-italienischen Siegen über Österreich in Oberitalien (1859) und der Erzwingung des Friedens mit Österreich, schien Paris wieder das Zentrum der europäischen Politik zu sein.
Um die Hegemonialstellung* ungefährdet zu halten, musste die französische Politik auf jeden Fall **die deutsche Einheit vermeiden**, denn aus der Sicht Frankreichs konnte die kleindeutsche Lösung (als einzig mögliche) nichts anderes darstellen als eine übermäßige Stärkung der Großmacht Preußens, das dann die hegemonialen Bestrebungen des westlichen Nachbarn kaum hinnehmen würde. Zu diesem Zweck schlug die französische Diplomatie zwei Wege ein:

5 *Preußen nicht nach Süden vordringen lassen: so genannte „Mainlinienpolitik"*

- Unterstützung der Unabhängigkeitsbestrebungen in den deutschen Mittel- und Kleinstaaten;
- Vermeidung einer weiteren Schwächung der Stellung Österreichs zum Zweck der Aufrechterhaltung des deutschen Dualismus.

Ab 1860 war der Stern Napoleons im Sinken. Die außenpolitischen Niederlagen mehrten sich. Die Unterstützung der italienischen Befreiungsbewegung gegen Österreich erwies sich als Fehler, da dadurch die Stellung Österreichs im System des deutschen Dualismus entscheidend geschwächt worden war. Die Niederlage Wiens 1866 und die Gründung des Norddeutschen Bundes zeigten, dass die deutsche Einigung zunehmend unvermeidlich wurde. Das politische Kraftzentrum des Festlandes hatte sich nach Berlin verschoben. Und das siegreiche Preußen zeigte keine Anstalten, Napoleon die für sein neutrales Verhalten im deutschen Krieg vage versprochenen Kompensationen am Rhein auch tatsächlich zu überlassen. Zugleich mit dem Verlust an Prestige nach außen erstarkte auch die innenpolitische Opposition. **Napoleon benötigte** zur Erhaltung seines Ansehens inner- und außerhalb Frankreichs **einen politischen Erfolg**.

Die konsequenten Versuche Frankreichs, um keinen Preis eine Machtstärkung Preußens hinzunehmen, das zum Konkurrenten um die Vormachtstellung in Europa zu werden schien, schuf **in Preußen und Deutschland** die **Überzeugung, dass die deutsche Einheit nur durch** einen militärischen **Sieg über** die **westliche Nachbarmacht** möglich werde. Die preußische Generalität begann, sich auf den Krieg vorzubereiten.

Ebenso wuchs in Frankreich die Überzeugung, die deutsche Einigung, welche die Vorherrschaft Preußens auf dem europäischen Festland bedeutete, könne auf die Dauer nur mit Gewalt verhindert werden.

Die Haltung der anderen europäischen Mächte
England: „Balance of Power"*

England verharrte seit 1815 in der „splendid isolation". Dieses Prinzip der englischen Politik bedeutet, dass England nur dann in die europäische Politik eingriff, wenn es die Sicherheit der eigenen Machtstellung durch eine europäische, hegemoniale Festlandsmacht gefährdet sah. Der Fall der Bedrohung wurde dabei von englischer Seite darin gesehen, dass eine der vier kontinentalen Mächte, die sich nach 1815 im Machtgleichgewicht befanden, politisches Übergewicht zu erringen schien.

Eine deutsche Reichseinigung schien für England deshalb vordergründig nicht akzeptabel. Aufgrund der politischen Veränderungen seit 1850 in Europa schien eine **Stärkung Preußens zur Niederhaltung des** machtbewussten **französischen Kaisertums** jedoch **tragbar**. London verhielt sich also neutral, blieb aber gleichzeitig sehr misstrauisch, insbesondere wegen des eindrucksvollen preußischen Sieges über Österreich bei Königgrätz, der zeigte, wie stark Berlin schon ohne die anderen deutschen Staaten war.

Russland: „Wohlwollende Neutralität"
Russland verhielt sich traditionell freundlich gegenüber Preußen, ebenso wie Bismarcks Politik das Zarenreich rücksichtsvoll behandelte. Die brutale Niederschlagung des Polenaufstands* durch Russland hatte außerdem Napoleon III., der sich als Beschützer und Befreier der unterdrückten Nationen aufspielte, in deutliche Distanz zum Zarenreich gebracht. Der Streit mit England um die Meerengenfrage* schwelte noch und seit dem Krimkrieg bestand auch ein Gegensatz zu Österreich. Eine **Machtstärkung Preußens** als der einzigen befreundeten Großmacht **erschien** daher, trotz aller Bedenken, **vorteilhaft**.

Österreich: Neutralität
Aufgrund der Niederlage 1866, des großzügigen Friedens und der Erkenntnis, dass die nationale Einigung Deutschlands zur Stabilisierung der eigenen Lage genutzt werden konnte, hielt sich Österreich vertragsgemäß zurück.

Der Weg in den Krieg, Verlauf und Ergebnis

Die spanische Thronkandidatur
Prinz Leopold von Hohenzollern-Sigmaringen aus der katholischen Linie des preußischen Königshauses der Hohenzollern in Süddeutschland hatte den spanischen Thron angeboten bekommen. Bismarck versuchte, die Situation zu nützen, um Frankreich bei seinem Annäherungsversuch an Österreich zu stören. Deshalb förderte er heimlich die Kandidatur, von der der preußische König keineswegs begeistert war. Dadurch entstand **in Frankreich** die **uralte Angst vor einer deutsch-spanischen Umklammerung** neu.
Die Reaktion in Frankreich war äußerst heftig. Einmal wehrte sich Frankreich gegen die drohende Einkreisung durch die Hohenzollern, zum anderen versuchte die französische Regierung, die öffentliche Meinung in Frankreich gegen die Politik Preußens aufzuwiegeln. Das Ziel der Propaganda war die Ablenkung von den eigenen innerfranzösischen Schwierigkeiten sowie ein außenpolitischer Erfolg über Preußen, den die Regierung dringend zu benötigen glaubte. Der neue französische Außenminister Gramont erklärte, die Kandidatur gefährde das europäische Gleichgewicht und verletze die „Interessen und die Ehre" Frankreichs.
Das preußische Argument, die Kandidatur des Süddeutschen gehe Preußen nichts an, wies die französische Regierung zurück. Daraufhin empfahl der preußische König der Sigmaringer Nebenlinie den Verzicht auf den spanischen Thron.

Hohenzollern-Sigmaringen wurde seit 1849 von Preußen verwaltet. Das Familienoberhaupt Karl Anton von Hohenzollern-Sigmaringen war preußischer Ministerpräsident gewesen. Die katholischen Hohenzollern galten als Mitglieder des preußischen Königshauses.

Frankreich war so in der ersten Hälfte des 16. Jh. unter dem deutschen Kaiser Karl V. eingekreist gewesen. Auch im 18. Jh. hatte diese Frage in Europa Krieg ausgelöst (spanischer Erbfolgekrieg).
„Frankreich wird nicht dulden, dass eine fremde Macht einen ihrer Prinzen auf den Thron Karls V. setzt." (aus der "Gramontrede" vom 5.7.1870) [7]

5 *Bismarck war über den Ton der Franzosen verärgert.*

Mit dem Verzicht auf die spanische Kandidatur durch die katholischen Hohenzollern hatte **Preußen** eine **diplomatische Schlappe** erlitten.

Die Emser Depesche*

Napoleon gab sich mit diesem Erfolg nicht zufrieden und glaubte, das Nachgeben auf preußischer Seite noch weiter treiben zu können. Obwohl die anderen Mächte schon zuvor das französische Verhalten als überzogen betrachtet hatten, forderte Napoleon III. von den Hohenzollern den schriftlichen Verzicht auf die spanische Krone für alle Zeit.

Benedetti hatte Wilhelm auf der Kurpromenade abgepasst und ihm die Depesche dort in aller Öffentlichkeit überreicht, ein völlig unübliches Verfahren an der Grenze zur Unhöflichkeit.

Bismarck befand sich gerade auf einem seiner ostelbischen Güter.

Eine Depesche* mit dem entsprechenden Verlangen überreichte der französische Botschafter Graf Benedetti dem preußischen König, als dieser zur Kur in Bad Ems weilte. Dabei trat Benedetti in der Öffentlichkeit in einer Art und Weise auf, die als unhöflich und undiplomatisch empfunden werden konnte. Wilhelm I. zeigte sich zwar äußerst verärgert über das französische Verhalten und wies Benedetti ab, neigte aber trotzdem eher dazu nachzugeben. Er ließ Bismarck den Inhalt der Depesche und des Gesprächs mit dem französischen Botschafter telegrafieren.

Der Kanzler erkannte die Möglichkeit, die diplomatische Schlappe des Thronverzichts wieder wettzumachen. Gegen alle Anstandsregeln der Diplomatie veröffentlichte er die Depesche verkürzt und umformuliert. Dadurch wurde das französische Ansinnen im Tonfall verschärft und entstellt. Die französische Forderung erschien jetzt aller Welt als unzumutbar. **Napoleon** hatte eine **weitere außenpolitische Niederlage** erlitten.

Der Kriegsausbruch

Napoleon sah Ehre und Prestige Frankreichs verletzt und erklärte Preußen den Krieg. Preußen als der Angegriffene hatte nun den Vorteil, in den Augen der Weltöffentlichkeit den gerechten Verteidigungskrieg führen zu können. Ob Bismarck mit der „Emser Depesche" den Krieg auslösen und Frankreich absichtlich als Angreifer hinstellen wollte, ist umstritten. Allerdings war der Krieg auf beiden Seiten schon lange erwartet und vorbereitet worden.

Napoleon rechnete auch mit Österreich.

Predigt im Passauer Dom in den ersten Kriegstagen: „Der König von Preußen ist Protestant; aber er ist ein gottesfürchtiger, christlicher Fürst, der hochbetagt sein Leben für Deutschlands Ehre und Sicherheit einsetzt und nicht sich, sondern Gott die Ehre gibt. Er soll der Führer Deutschlands sein, Gott hat ihn dazu berufen…" [8]

Napoleon III. hatte schon zuvor in den süddeutschen Staaten sondieren lassen, ob diese entsprechend ihrer Schutz- und Trutzbündnisse mit Preußen in den Krieg ziehen würden und hatte ausweichende Antworten erhalten. Aber die Hoffnung Frankreichs, die nicht zum Norddeutschen Bund gehörigen deutschen Staaten würden sich nicht an die Seite Preußens stellen, erwies sich als schwerer Irrtum. **Frankreich** stand **ohne alle Unterstützung anderer Mächte** einem einigen Deutschland gegenüber, das das Vorgehen Napoleons nicht weiter hinnehmen wollte. **Der Krieg wurde zum deutschen Nationalkrieg.**

Voraussetzungen für den preußisch-deutschen Sieg

Einheitliches deutsches Vorgehen

Gleichzeitig mit den Schutz- und Trutzverträgen von 1866 waren auch die Heeresverfassungen der süddeutschen Staaten an das preußische Vorbild angepasst worden, so dass die Führungsprinzipien und die Ausrüstung aller deutschen Gruppen weitgehend einheitlich waren. Durch die Übernahme der überlegenen preußischen Militärorganisation hatten die süddeutschen Truppen an Kampfstärke gewonnen und konnten ohne Reibungsverluste vom preußischen Generalstab* (Helmuth von Moltke) nach einheitlichen Grundsätzen geführt werden. Die militärischen Erfolge der süddeutschen Armee unter preußischer Leitung gaben den Süddeutschen das Gefühl der Gleichwertigkeit und förderten den Einheitswillen der Bevölkerung.

Militärische Überlegenheit

Die **deutschen Truppen** waren den Franzosen **von Anfang an** wegen folgender Faktoren **überlegen**:
- Durch das Hinzukommen der süddeutschen Kontingente entstand eine zahlenmäßige Überlegenheit an Menschen und Material.
- Die stärkere Industrialisierung Preußens begründete die Überlegenheit des Nachschubsystems (Eisenbahnen) und des Kriegsmaterials.
- Der preußische Generalstab unter Leitung des Grafen von Moltke hatte schon 1866 bei Königgrätz gegen Österreich mit Erfolg neue offensive Strategien* erprobt, die jetzt in verbesserter Form zur Anwendung kamen und eine überlegene Truppenführung ermöglichten (Einkesselungs- und Umfassungsstrategie).

Zündnadelgewehr, Hinterladergeschütze, neue Konservierungsmethoden für die Verpflegung

Der Kriegsverlauf

Infolge der **schnelleren Mobilmachung auf deutscher Seite** konnte der preußische Generalstab unter Moltke dem Gegner von Anfang an das eigene Handeln aufzwingen. Bei der Festung Sedan wurde eine der beiden französischen Armeen eingekreist und nach Kapitulation **Napoleon III.**, der sich bei dieser Armee befunden hatte, **gefangen genommen**. In Paris bildete sich eine neue republikanische „Regierung der nationalen Verteidigung". Ihre Versuche, mit Preußen Frieden zu schließen, blieben jedoch erfolglos, weil Bismarck die Abtretung Elsass-Lothringens an Deutschland forderte. **Frankreich führte den Krieg weiter**. Erst jetzt kapitulierte die zweite, in der Festung Metz eingeschlossene französische Armee. Die deutschen Truppen begannen mit der **Belagerung von Paris**, das entschlossen verteidigt wurde. Zur Entlastung stellte die republikanische Regierung ein neues Volksheer auf, das in Frankreichs Provinzen mit Erfolg deutsche Truppen band. Zwischen

Der preußische Generalstab hatte den Krieg schon seit Jahren geplant.

Die französische „Massenarmee" unter dem Kommando von Leon Gambetta hatte eine Stärke von etwa 600 000 Mann.

Bismarck war klar, wie misstrauisch Europas Mächte das Entstehen der neuen Großmacht beobachteten.

Bismarck und Moltke brach daraufhin ein heftiger Streit aus, wie der Krieg weitergeführt werden sollte. Da eine Erstürmung von Paris wegen der tapferen Verteidigung ohne schwerste Verluste nicht möglich war, wollte Moltke erst Paris aushungern und dann ganz Frankreich erobern. Bismarck wollte den Krieg möglichst schnell beenden, um die Einmischung anderer Mächte zu verhindern. Der **Kanzler** setzte sich durch und **schloss einen großzügigen Waffenstillstand**.

Das Ergebnis
Die französische republikanische Regierung ist im Ausland isoliert und muss ohne Unterstützung die preußisch-deutschen Forderungen fast vollständig akzeptieren.

Die Folge des Friedensschlusses war der Aufstand der Pariser „Kommune".

Der Friede von Frankfurt
Bismarck erzwang eine Kriegsentschädigung von fünf Mrd. Francs und die Abtretung Elsass-Lothringens unter Verzicht auf weitere Forderungen Moltkes (militärische Schwächung Frankreichs).

Die Abtretung Elsass-Lothringens
Bismarck wusste, dass die Abtretung Elsass-Lothringens freundliche Beziehungen zu Frankreich unmöglich machte. Er war sich auch der Tatsache bewusst, dass die Elsässer mehrheitlich Franzosen bleiben wollten. Bismarcks Gründe, trotzdem das Gebiet zu annektieren, waren:

Politischer Druck der Nationalisten

- Angesichts der nationalistischen Stimmung in Deutschland erschien ein Verzicht auf die Eingliederung der deutschsprachigen Elsässer unmöglich.

Polititischer Druck der Industrie

- Die reichen lothringischen Bodenschätze waren für das industriell aufstrebende Preußen von großem Interesse.

Polititischer Druck der Militärs

- Die neue Grenze hatte einen, vor allem für militärische Zwecke günstigen Verlauf.

Misstrauen gegenüber dem katholischen deutschen Süden

- Das neu gewonnene Terrain trennte die deutschen Südstaaten von französischem Einfluss. Deshalb verhinderte der Kanzler auch, dass die süddeutschen Staaten Annexionen* in Elsass-Lothringen verwirklichen konnten. Das Gebiet kam unter Reichsverwaltung.

Das Deutsche Reich 1871

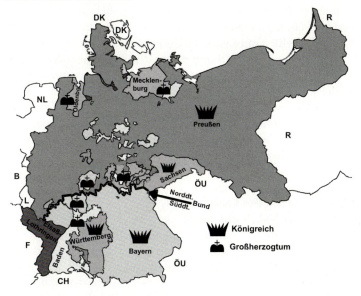

Die Errichtung des preußisch-deutschen Kaiserreiches

Das Vorgehen Bismarcks zur Vorbereitung
Bei der Errichtung des Deutschen Reiches spielten die Parteien und Parlamente sowie die öffentliche Meinung in Deutschland nur eine Nebenrolle. Bismarck war der allein Handelnde. Obwohl die süddeutschen Staaten dem öffentlichen Druck des nationalen Einheitsgedankens gar nicht hätten widerstehen können, lehnte Bismarck jeden Zwang ihnen gegenüber ab. Bismarcks Verhandlungsprinzipien waren:
- **Äußerste Konzessionsbereitschaft bei Sonderwünschen**;
- Unnachgiebigkeit in der Frage der Verfassungsstruktur des neuen Reiches auf der Grundlage der norddeutschen Bundesverfassung;
- getrennte Verhandlungen mit den einzelnen Staaten, um Widerstände leichter zu überwinden.

Dadurch gelang es Bismarck vor allem, das äußerst misstrauische Bayern zu isolieren und zum Nachgeben zu bewegen. Die süddeutschen Staaten behielten im neuen Reich eine große Zahl von Sonderrechten:
- Mitsprache bei der Heeresorganisation;
- Selbstverwaltung von Post und Bahn;
- Bayern bekam sogar die völlige Militärhoheit in Friedenszeiten und besondere außenpolitische Mitspracherechte.

Diese Sonderrechte werden als „Reservatrechte" bezeichnet.

Bis Ende November 1870 hatte Bismarck alle süddeutschen Staaten zu entsprechenden Verträgen mit dem Norddeutschen Bund

so genannte Novemberverträge

5

Ludwig II. als mächtigster süddeutscher Fürst machte das Spiel Bismarcks mit, nachdem ihm dieser große Beträge zur Verwirklichung seiner künstlerischen Pläne hatte zukommen lassen.

Ludwig II. hatte Wilhelm den Titel „Deutscher Kaiser" angetragen. Formulierungen, wie etwa „Kaiser von Deutschland" oder „Kaiser der Deutschen", kamen nicht in Betracht, da sie die Oberhoheit des Kaisers über das Reich betont hätten. Souveräne des Reiches waren aber nach der neuen Verfassung alle deutschen Landesfürsten. Wilhelm I. befürchtete, dass „der solide Glanz der preußischen Königskrone vor der neu aufgeputzten deutschen Kaiserkrone verbleichen würde". ⁹

In einem Gemälde Anton von Werners so dargestellt. (s. S. 83)

gebracht. In diesen Verträgen wurde das neue Staatswesen als „Deutscher Bund" bezeichnet. Die bürgerlichen Liberalen im norddeutschen Reichstag wehrten sich gegen die süddeutschen Sonderklauseln*, und Bismarck drohte bei der Abstimmung über die Ratifizierung* im Parlament eine Niederlage. Deshalb lenkte er die Diskussion in der Öffentlichkeit auf die Umbenennung des Bundes in „Deutsches Reich" und auf die Erneuerung des Kaisertums. Beides war das Ziel der nationalen Bewegung. Daher ließ Bismarck im Dezember einen Brief des bayerischen Königs Ludwig II. vor dem Norddeutschen Reichstag verlesen, in dem dieser dem preußischen König die Kaiserwürde antrug. Den Brief hatte Bismarck selbst entworfen.

Die Proklamation des Kaiserreiches

Am **18. Januar 1871** wurde im Spiegelsaal von Versailles das **Deutsche Kaiserreich** ausgerufen. Wilhelm I. hatte sich bis zuletzt geweigert, seinen verfassungsmäßigen Titel „Deutscher Kaiser" zu akzeptieren, obwohl die Reichsverfassung schon am 1. Januar in Kraft getreten war. Deshalb rief ihn der Großherzog von Baden als „Seine Kaiserliche und Königliche Majestät, Kaiser Wilhelm I." aus.

Der Charakter des neu gegründeten Staatswesens zeigte sich bei seiner Gründung deutlich:

- **Im Mittelpunkt stand Bismarck**, der das Reich sozusagen im Alleingang verwirklicht hatte.
- Die Huldigung des Kaisers durch die Landesfürsten zeigte, dass der neue Staat **aus dem Willen der deutschen Fürsten** als Souveräne entstanden war. Die Gründung war zwar nicht gegen den Willen der Mehrheit des deutschen Volkes erfolgt, aber es war kaum an der Konstitution seines Staatswesens beteiligt worden.
- Die Angst des neuen Kaisers um die Schmälerung seines preußischen Königstitels verdeutlichte den noch vorhandenen Geist des Partikularismus* in Deutschland und die Entschlossenheit **Preußens**, auf die **Vormachtstellung im Reich** nicht zu verzichten.

„exercitus facit imperatorem" ¹⁰

- Der **militärische Charakter** der Feier wies darauf hin, dass das Reich nicht zuletzt durch einen Sieg des preußischen Militarismus* entstanden war.

Die Bewertung der Reichsgründung im Inland

Die patriotische Begeisterung über die Reichsgründung war überall groß. Die meisten Deutschen sahen mit großem Optimismus in die wirtschaftliche und politische Zukunft. Auch vielen, die eher partikularistisch gedacht hatten, musste der Sieg über den Erbfeind Frankreich als **Rechtfertigung der Führerschaft Preußens** in einem geeinten Deutschland erscheinen. Dennoch blieben oppositionelle Gruppen bestehen:

- Im katholischen Bayern misstrauten viele der Vorherrschaft des protestantischen Preußen.
- Liberale, vor allem in den südwestdeutschen Staaten, hatten Bedenken gegenüber der autoritären, streng monarchischen Staatsauffassung Preußens.
- Norddeutsche Liberale hielten die Reichsverfassung angesichts der süddeutschen Sonderrechte (Reservatrechte) für einen teilweisen Missgriff.

Der preußische Liberale Benningsen sprach von einem „elenden Flickwerk".

Die Bewertung der Reichsgründung im Ausland

Die Schaffung der neuen Macht im Herzen Europas hatte das alte **europäische Gleichgewichtssystem** zerstört. Zum einen war der neue Staat bezüglich seiner großen Zahl homogener Bevölkerung und seiner Wirtschaftskraft jeder anderen Festlandsmacht überlegen, zum anderen hatte der eindrucksvolle Sieg über die vermeintlich beste Armee der Welt die enorme militärische Schlagkraft der jungen Großmacht belegt.

Das nationale Bürgertum im europäischen Ausland hatte für den deutschen Einigungswunsch grundsätzlich Verständnis, trotzdem entstand **Furcht vor einer preußisch-deutschen Hegemonie*** in Europa.

So stellte der britische Oppositionsführer im Unterhaus, Benjamin Disraeli, fest, die „German Revolution" sei von größerer Bedeutung als die Französische Revolution, und ihre Folgen werde man noch in 400 Jahren spüren.

Die Beschwichtigungspolitik Bismarcks

Seit Ausrufung der französischen Republik und Kenntnis der deutschen Gebietsansprüche gegen Frankreich änderte sich die internationale Meinung über den Konflikt in Mitteleuropa. Bismarck, der den Krieg nun schnell beenden wollte, weil er Sorge vor der Einmischung der anderen europäischen Mächte hatte, geriet mit der militärischen Führung (Moltke) in heftigen Gegensatz. Schließlich stellte sich der König auf die Seite des Staatsmannes. Bismarcks Politik musste sich jetzt darauf richten, das Misstrauen der anderen Mächte gegenüber der Machtverschiebung in Europa aufzulösen:

- Russland war bis 1871 der sichere Rückhalt für die preußische Außenpolitik gewesen. Das Zarenreich erwartete allerdings für sein Stillhalten Zugeständnisse in der Meerengenfrage*, die Bismarck auch gab.
- Um sich von Russland nicht abhängig zu machen und Frankreich von Russland zu isolieren, betrieb der Kanzler die Annäherung Österreichs an Russland. 1873 gelang Bismarck das Bündnis zwischen dem Deutschen Reich, Österreich und Russland im Drei-Kaiser-Abkommen. Der Kanzler erreichte dies vor allem, weil Österreich sich aus seiner Isolation lösen wollte und es Bismarck gelang, den anderen Mächten das Bündnis als eine Art Neuauflage der Heiligen Allianz, diesmal gegen den Sozialismus, schmackhaft zu machen.

Russland kündigte 1870 die so genannte Pontusklausel, die England nach dem Krimkrieg Russland aufgezwungen hatte. Sie verbot russischen Kriegsschiffen die Durchfahrt durch den Bosporus und die Dardanellen.

England hatte ein österreichisches Bündnisangebot 1871 zurückgewiesen.

5

Bismarck unterlief mit der Pontuskonferenz 1871 die Absicht Englands, in einer internationalen Konferenz die Lage in Europa zu klären.

- Ein Bündnis nur mit Österreich hatte Bismarck nicht vor, da dies Russland und das misstrauisch gewordene England auf Bündniskurs zu Frankreich hätte bringen können.
- Gegenüber England versuchte Bismarck so vorzugehen, dass er es durch den Konflikt mit Russland in der Meerengenfrage band.
- In kurzer Zeit wurde **von allen europäischen Mächten Bismarcks Erklärung akzeptiert, das Reich sei „saturiert"**, bedürfe keines Machtzuwachses mehr und wolle ihn auch gar nicht.

5.3 Die Reichsverfassung

Die Reichsbildung im Spiegel der Karikatur, und zwar nach der preußischen Annexion von Schleswig-Holstein, Hannover, Kurhessen, Nassau und Frankfurt 1866, der die Bildung des Norddeutschen Bundes folgte.

„Kommt es (Deutschland) unter eine Haube? Ich glaub', 's kommt eher unter eine Pickelhaube."

Einfluss der preußischen Regierung auf die Reichsregierung

Die wesentlichen Staatsorgane

Der Monarch
- Kaiser ist stets der König von Preußen, er übt die exekutive* Gewalt aus.
- **Außenpolitisch ist er alleiniger Souverän***, aber die Einzelstaaten haben das Recht, eigene Gesandtschaften ins Ausland zu entsenden.
- Er **benennt den Reichskanzler als Regierungschef**, der nur ihm allein verantwortlich ist.
- Er ist **Oberbefehlshaber des Reichsheeres**. Sein Kommando über Heer und Flotte entzieht sich der politischen Kontrolle durch Parlament und Regierung. Er kann, nur mit Zustimmung des Bundesrates, Kriegserklärungen aussprechen.
- Er ernennt und entlässt die Reichsbeamten.
- Als Inhaber des Präsidiums des Deutschen Bundes beruft er Bundesrat und Reichstag ein, eröffnet, vertagt, schließt die Sitzungen und löst den Reichstag mit Zustimmung des Bundesrates auf.
- **Der Kaiser ist nicht der eigentliche Souverän, sondern die Versammlung der Bundesfürsten.**

Die Regierung
- **Regierungschef** ist der vom Kaiser ernannte **Reichskanzler**. Der Reichskanzler ist allein dem Kaiser verantwortlich (Vertrauen).
- Der Reichskanzler ist in Personalunion* preußischer Ministerpräsident; ihm unterstehen die obersten Reichsbehörden, das Auswärtige Amt und das Reichskanzleramt.
- Die Reichsämter werden nicht von Ministern, sondern nur von Staatssekretären geführt (untergebene Beamte).

Der Bundesrat
- **Im Bundesrat sitzen die Vertreter der 25 Souveräne des Reiches.** Sie verfügen über insgesamt 58 Stimmen, davon entfallen 17 auf **Preußen**, das damit über eine so genannte **Sperrminorität*** verfügt.
- Der **Reichskanzler führt den Vorsitz** im Bundesrat.
- In Übereinstimmung mit der Mehrheit des Reichstages nimmt der Bundesrat die Gesetzgebung wahr.
- Der Bundesrat kontrolliert die Regierung über Ausschüsse.
- Verfassungsänderungen können mit 14 von 58 Stimmen verhindert werden.
- Bei Entschlüssen, die Heer, Zoll oder Flotte betreffen, kann der **Kaiser sein Veto*** einlegen.
- Die vielfältigen und weit reichenden Kompetenzen machen den **Bundesrat** zu einer **starken Institution**.

Die drei größten Mittelstaaten zusammen besitzen ebenfalls eine Sperrminorität.

Der Reichstag
- Der **Reichstag ist die Vertretung des deutschen Volkes**.
- Der Reichstag besteht aus 397 Abgeordneten, die erst auf drei, später auf fünf Jahre gewählt werden.
- Das Parlament wird nach dem **absoluten Mehrheitswahlrecht*** von der männlichen Bevölkerung des Reiches über 25 Jahre **allgemein, frei, gleich, unmittelbar und geheim gewählt**.
- Der Reichstag hat **zusammen mit dem Bundesrat die Reichsgesetzgebung** inne, vor allem das **Budgetrecht** (Genehmigung des Reichshaushalts). Er besitzt kaum Kompetenzen gegenüber der Exekutive, kein wirksames Recht auf Gesetzesinitiative*. Seine **Rechtsbefugnisse entsprechen einem suspensiven Vetorecht***.
- Der Reichskanzler ist dem Reichstag nicht verantwortlich.
- Daraus ergibt sich eine insgesamt **schwache Stellung des Reichstages**.

Aktives und passives Wahlrecht für Frauen gibt es in Deutschland erst ab 1919.

Das Reich und die Einzelstaaten
- Das Reich ist ein föderalistischer* Staat; **Souveräne sind die 22 Reichsfürsten und drei freien Reichsstädte**.
- Den Einzelstaaten verbleiben viele Rechte: eigene Verfassungen, eigene Gesetzgebung, eigene Verwaltung, Kulturhoheit und Steuerhoheit.
- Das Reich bezieht seine Einnahmen aus dem Zoll und den indirekten Steuern sowie aus Matrikularbeiträgen* der Einzelstaaten.

Die Einwohner der einzelnen Länder behalten auch deren Staatsangehörigkeit (Doppelte Staatsangehörigkeit; noch bis 1936 hatte z. B. jeder Bayer die deutsche und die bayerische Staatsangehörigkeit und zwei Pässe.)

Bewertung der Reichsverfassung
Bismarck hatte die Reichsverfassung auf seine Person zugeschnitten. Das zeigte sich schon daran, dass die Reichsverfassung weitgehend der Verfassung des Norddeutschen Bundes entsprach,

5

So genannte Reservatrechte

Bismarck betrachtete seine Großzügigkeit in der Wahlrechtsfrage später als Fehler.

Der Kanzler hoffte, mit einem „Volksparlament" partikularistischen Strömungen im Reich am leichtesten gegensteuern zu können.

Art. 32 betont ausdrücklich das Nichtentgelt der Arbeit der Abgeordneten.

Pro forma war der Kanzler auch dem Reichstag verantwortlich, aber das Parlament konnte den Reichskanzler nicht stürzen.

Selbst im Fall der Kriegserklärung musste der Kaiser nur den Bundesrat fragen.

Als Wilhelm II. dann selbst Politik machen wollte, zeigte sich die Gefährlichkeit des Verfassungskonzepts deutlich: Der nötige Konsens zwischen Kanzler, Kaiser und Militär fehlte.

und Bismarck als preußischer Ministerpräsident, Vorsitzender des Bundesrats und **Reichskanzler, alle Schlüsselpositionen inne hatte**. Die Stärkung der Sonderrechte der Bundesstaaten und das geringere Gewicht Preußens im Vergleich zum Norddeutschen Bund 1867 musste der Kanzler den deutschen Fürsten als Preis für die Einigung zugestehen.

Die **Verfassung** erwies sich als **vergleichsweise liberal**: Das allgemeine und gleiche Wahlrecht bei den Reichstagswahlen bedeutete einen enormen Fortschritt im Vergleich zu den seinerzeit üblichen Formen der Bestellung von Volksvertretern. Zensuswahlrechte, die der Stimme des Bürgers je nach Höhe des Steueraufkommens mehr oder weniger Gewicht gaben, waren die Regel. Bismarck hatte 1867 auch ursprünglich für den Norddeutschen Bund das preußische Drei-Klassen-Wahlrecht vorgesehen, aber die Volksvertreter setzten die Tradition der Frankfurter Verfassung von 1849 durch. Bismarck gab nach, um der Bevölkerung in Deutschland die Zustimmung zum neuen Reich leichter zu machen. Um die vermögenden Schichten dennoch zu begünstigen, erhielten die **Abgeordneten für ihre Tätigkeiten keinerlei Entgelt. Ein Katalog der Grund- und Menschenrechte fehlt** im Gegensatz zur Frankfurter Verfassung, doch waren diese in den Verfassungen der Einzelstaaten, die ihre Gültigkeit behielten, enthalten. Der neue Staat war **nicht aus dem Willen des Volkes entstanden**, sondern auf Grund eines Bundesvertrages der 25 deutschen Souveräne. Demgemäß war auch in der Verfassung die Selbstbestimmung und Machtkontrolle durch das Volk nicht sehr stark berücksichtigt.

Das eindeutige **Übergewicht lag bei der Exekutive***, vor allem beim Bundesrat.

Der Kanzler, der die politische Leitung besaß, war nur dem Kaiser verantwortlich, und nur dieser konnte den Kanzler stürzen. Außenpolitische Verträge, wie Friedens- und Bündnisverträge ratifizierte* der Kaiser, **das Parlament besaß keine außenpolitischen Kontrollrechte**. Das **Militär** war **völlig der politischen Aufsicht entzogen**. Gerade in diesem Übergewicht der Exekutive* lag aber die Schwäche der Verfassung. Bismarck wusste, dass sich Wilhelm I. bei einer Vertrauenskrise hüten würde, ihn zu entlassen. Seine Nachfolger waren aber vom kaiserlichen Vertrauen abhängig. Das Militär, von der politischen Kontrolle getrennt, unterlag nur solange dem Primat* der Politik, wie der kaiserliche Oberbefehlshaber mehr auf den Kanzler als auf die Generalität hörte. **Das System funktionierte nur** dann wie erwartet, **wenn der Kanzler den Kaiser stark beeinflussen und sich gegen Parlament und Militär durchsetzen konnte**.

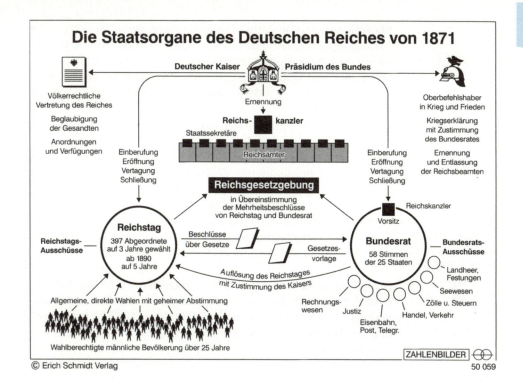

Die Parteien im Reichstag

Das Zentrum (Deutsche Zentrumspartei)
Gründungsgeschichte: Die Vorläuferin der Zentrumspartei war die katholische Fraktion von 1852 im preußischen Landtag und der Paulskirche von 1848. Die Partei entstand **im Zeichen der Reichsgründung (Dezember 1870)** im preußischen Landtag als Zusammenschluss der katholischen Abgeordneten. Ihr Führer war der ehemalige hannoversche Justizminister Ludwig Windhorst. Bis 1890 verfügte sie bereits über 26,7 % Mandatsanteile im Reichstag.

Vorläufer außerdem in Baden (katholische Volkspartei) und in Bayern (bayerische Patriotenpartei)

Mitglieder und Wähler: Katholiken aus allen Bevölkerungsschichten

Politische Ziele:
- Das Zentrum verfocht eine „mittlere" politische Linie;
- es vertrat die Interessen der katholischen Bevölkerungsminorität* im Reich;
- es war das Sammelbecken des politischen Katholizismus gegen Liberalismus und Sozialismus;
- es sprach sich für den Eingriff des Staates zur Lösung der sozialen Frage (christliche Sozialpolitik) aus;
- im Kulturkampf bis 1879 war es Bismarcks stärkster Gegner.

*Aus dem Reichstagsprogramm des Zentrums vom Februar 1871: „Unversehrte Aufrechterhaltung der durch die preußische Verfassungsurkunde gewährleisteten Selbstständigkeit der Kirche..."
„... Beseitigung der sozialen Missstände und Förderung aller Interessen des Arbeiterstandes durch eine gesunde christliche Erziehung."[11]*

Die Freikonservative Partei (Deutsche Reichspartei ab 1871)
Gründungsgeschichte: Gegründet 1867 als konservative Reaktion auf die Überlegenheit der Liberalen im preußischen Reichstag
Mitglieder und Wähler: Evangelische Geistliche, Offiziere, Beamte, Grundbesitzeradel und reiche Bauern Preußens
Politische Ziele:
- Wahrung der kulturpolitischen Interessen des preußischen Protestantismus und der wirtschaftlichen Interessen der ostelbischen Agrarier;
- sie sprach sich eindeutig gegen Konstitutionalismus und die Teilung der Gewalten aus;
- sie unterstützte Bismarck ohne Vorbehalt;
- ihre Anhänger waren überzeugte preußische Monarchisten;
- bezüglich der Lösung der sozialen Frage vertrat sie ein typisch christlich-patriarchalisches* Denken.

Der Konservative Ludwig von Gerlach: „Besitz als bloßes Mittel des Genusses ist nicht heilig, sondern schmutzig." [12]

Die Konservative Partei (Deutsch-Konservative Partei seit 1876)
Gründungsgeschichte: 1861 Gründung des „Preußischen Volksvereins" als Gegengewicht zu den Liberalen. 1867 Trennung von den Freikonservativen wegen Ablehnung der Reichspolitik Bismarcks.
Mitglieder und Wähler: Adelige Großgrundbesitzer, Großbürgertum aus dem Osten
Politische Ziele:
- Wie die Freikonservativen, aber mit partikularistischer* Tendenz; Misstrauen gegenüber der nationalen Einigung Deutschlands (preußische Monarchisten);
- Misstrauen gegenüber der Politik Bismarcks.

Die Deutsche Fortschrittspartei
Gründungsgeschichte: 1861 in Preußen gegründet, durch Berliner Linksliberale
Mitglieder und Wähler: Vor allem Besitz- und Bildungsbürgertum
Politische Ziele:
- Einigung Deutschlands durch Preußen;
- Verfassung, parlamentarische Kontrolle der Regierung;
- allgemeines, gleiches, direktes und geheimes Wahlrecht;
- gegen staatliche Eingriffe in die Wirtschaft;
- Gegner der Politik Bismarcks.

1884 Fusion mit dem abgespaltenen Flügel der Nationalliberalen Partei zur „Deutschen Freisinnigen Partei"

Wahlprogramm 1861: „Verwirklichung des verfassungsmäßigen Rechtsstaats" [13]

Nationalliberale Partei
Gründungsgeschichte: 1866 spaltet sich der rechte Flügel der Deutschen Fortschrittspartei von der Mutterfraktion ab und macht sich als „Nationalliberale Partei" selbstständig.
Mitglieder und Wähler: Bankiers, Industrielle, protestantisches Bildungsbürgertum

Grund der Spaltung war der Streit um die nachträgliche Bewilligung der preußischen Heeresreform im Jahr 1866, die der linke Flügel der Fortschrittspartei nicht geben wollte.

Politische Ziele:
- Nationale Einigung;
- verfasster Rechtsstaat;
- wirtschaftliche Freiheit; die Nationalliberalen lehnen deshalb jeden staatlichen Eingriff in die Wirtschaft ab;
- keine Sozialpolitik;
- Unterstützung Bismarcks bis 1879, dann Spaltung, Vereinigung des linken Flügels mit der Fortschrittspartei zur „Deutschen Freisinnigen Partei".

Die „Reichsgründungspartei" unter der Führung von Rudolf von Benningsen

Die Gründe waren Bismarcks Sozialpolitik und die Schutzzollpolitik.

Die sozialistische Arbeiterpartei Deutschlands

Gründungsgeschichte: Die Vorläufer der sozialistischen Arbeiterpartei waren die von August Bebel und Wilhelm Liebknecht 1869 gegründete „Sozialdemokratische Arbeiterpartei Deutschlands" und der „Allgemeine deutsche Arbeiterverein", den Ferdinand Lassalle 1863 gegründet hatte. Beide vereinigten sich **1875 zur „Sozialistischen Arbeiterpartei Deutschlands (SAP)"**.

Erst 1890 erfolgt die Umbenennung in „Sozialdemokratische Partei Deutschlands".

Mitglieder und Wähler: Überwiegend Arbeiter; nur vereinzelt Bildungsbürger

Politische Ziele:
- In der SAP fanden sowohl Marxisten als auch Lassalleaner* ihre politische Heimat. Im Verlauf der Sozialistenverfolgung durch Bismarck wurde die Partei zunehmend marxistisch (Überführung des kapitalistischen Privateigentums an Produktionsmitteln in gesellschaftliches Eigentum);
- Kampf gegen alle anderen politischen Richtungen;
- Forderungen: Sozialismus, Demokratie, Republik;
- die Revolutionsbereitschaft in der SAP war nur gering entwickelt;
- die nationale Einigung Deutschlands wurde trotz des sozialistischen Internationalismus* begrüßt;
- Ablehnung der Politik Bismarcks.

„Sozialistengesetze" s. S. 107

5.4 Die Innenpolitik Bismarcks

Das Prinzip des Pragmatismus*

Wie in der Außenpolitik ließ sich der neue Kanzler auch in der Innenpolitik soweit als möglich vom Prinzip des „laissez faire" leiten. Das heißt, Bismarck legte sich nach Möglichkeit innerhalb der deutschen Parteienlandschaft nicht fest, sondern versuchte, eine **Politik der freien Hand** mit wechselnden Partnern und Koalitionen zu betreiben. Ein Unterschied indes bestand: Während sein außenpolitisches Konzept keine ideologischen* Fixierungen akzeptierte, hatte er sich im innenpolitischen Bereich ideologisch doch sehr festgelegt.

Als Monarchist lehnte der Kanzler die Mitbeteiligung und Mitverantwortung des Volkes an der Regierung ab. Das bewies auch der Zuschnitt der Verfassung auf seine starke Persönlichkeit und seine autoritären Überzeugungen. Man hat seiner Regierung deshalb häufig vorgeworfen, sie vertrete einen, wenn auch getarnten, Absolutismus*. **Im Reichstag spielte der Kanzler die Parteien gegeneinander aus**, um seine eigenen politischen Ziele durchzusetzen.

Der Kulturkampf

Die Ursachen

1846–1878: Papst Pius IX.: Enzyklika „Quanta cura" mit dem „Syllabus errorum" (1864)

s. auch S. 78, die Kirche und die soziale Frage

Die katholische Kirche hatte den Kampf gegen den aufgeklärten Liberalismus um das Bündnis von Thron und Altar weitgehend verloren. Seit der Mitte des 19. Jahrhunderts begann der Vatikan deshalb bedeutende **kirchliche Reformen** mit dem Ziel, die religiösen Kräfte in der **Auseinandersetzung mit liberalen und revolutionären Gedanken** zu stärken.

Das Vatikanische Konzil vollendete diese Reform 1870 mit der Festlegung des **Dogmas von der Unfehlbarkeit des Papstes** in Glaubensfragen.

Dieses Dogma war auch innerhalb der katholischen Kirche umstritten, weil der Beschluss des Konzils ein hierarchisches System mit dem Papst an der Spitze schuf, das für viele einen antiquierten absolutistischen Charakter aufwies.

Darüber hinaus konnte der Eindruck entstehen, der Vatikan habe sich die Möglichkeit geschaffen, in die Innenpolitik anderer Staaten einzugreifen, da nach der katholischen Auffassung vom Verhältnis zwischen Kirche und Staat die Kirche dem Staat nicht politisch aber in Fragen der Ethik und Moral übergeordnet war. Der Papst war zwar nur in Glaubensfragen unfehlbar, aber wenn diese sittliche Normen betrafen, war nicht auszuschließen, dass sein

Wort vor allem im Bereich von Ehe, Familie und Schule mit dem Hoheitsrecht des Staates kollidierte.

Die Reaktion auf das Dogma und die mit ihm verbundene Ablehnung des Liberalismus durch die katholische Kirche war bei den Liberalen und Protestanten in ganz Europa sehr heftig:
- Die Liberalen erblickten darin eine Herausforderung des Nationalstaats und der modernen Geisteskultur.
- Die Protestanten sahen eine neue aggressive Haltung der katholischen Kirche heraufziehen.

Bismarck selbst hatte versucht, sich in der Auseinandersetzung neutral zu verhalten. Als aber die katholische Opposition gegen das Unfehlbarkeitsdogma sich in der Altkatholischen Kirche von der Mutterkirche abspaltete, sah Bismarck die Gelegenheit einzugreifen, denn die katholischen Kirchenbehörden entzogen den abtrünnigen Geistlichen die kirchliche Lehrerlaubnis. Soweit diese Geistlichen gleichzeitig Staatsdiener waren, z. B. Theologieprofessoren, Religionslehrer und Militärgeistliche, forderte die Kirche auch die Entfernung aus dem Staatsamt. Dies wurde in Preußen aber von der Regierung verweigert, da Bismarck darin einen unzulässigen Eingriff in die preußischen Hoheitsrechte sah.

In dem nun anhebenden Streit wollte Bismarck die **katholische Kirche nicht vernichten, sondern sie dem Staat unterordnen**, denn er war ein strikter Befürworter der Trennung von Kirche und Staat aus mehreren Gründen:
- Zum einen aus persönlicher Einsicht, da er als Pietist die Verbindung von Kirche und Staat ablehnte.
- Zum anderen betrachtete der Kanzler den Vatikan als auswärtige Macht, die gehindert werden musste, einen großen Teil der Untertanen des neuen deutschen Reiches zu beherrschen.
- Während im alten Preußen die Katholiken als Minderheit großzügig geduldet werden konnten, war im jungen Reich der Katholizismus ein nicht zu unterschätzender Machtfaktor, der die neu gewonnene Einheit nicht gefährden durfte.
- Der Katholizismus im Reich hatte sich 1870 durch die Gründung der Zentrumspartei politisch organisiert. Die Partei, die sich zur Aufgabe gesetzt hatte, der katholischen Minderheit im Reich politische Geltung zu verschaffen, betrachtete der Kanzler als einheits- und reichsfeindlich.
- Da das Zentrum mit dem polnischen Katholizismus, dessen ablehnende Haltung zum Reich keinem Zweifel unterlag, in Preußen zusammenarbeitete, fürchtete Bismarck, das Zentrum könne außenpolitisch schaden, indem es die Autorität des Reiches untergraben würde.

Der Verlauf

Der Kulturkampf wurde nicht im Reich, sondern in einigen Einzelstaaten ausgefochten, da die entsprechenden Gesetzgebungsbereiche meist der einzelstaatlichen Gesetzlichkeit unterlagen.

„Modus vivendi 1878"
Eine Szene am Papstthron: Bismarck reagiert auf die Aufforderung zum Fußkuss demonstrativ mit einer ebensolchen. Durch den Vorhang blickt der Zentrumsführer Windthorst.

Pontifex: „Nun bitte genieren Sie sich nicht."
Kanzler: „Bitte gleichfalls."
(Holzschnitt von Wilhelm Scholz)

gegründet durch Ludwig Windthorst und Peter Rechensperger

Bismarck: „Mobilmachung der Partei gegen den Staat" [14]

Einzelne Regelungen wurden aber in die Reichsgesetzgebung aufgenommen.
- Der Kulturkampf begann 1871 in Preußen mit der Aufhebung der katholischen Abteilung im preußischen Kultusministerium. Diese wurde mit der evangelischen Abteilung zusammengelegt.

Schulaufsichtsgesetz
- 1872 folgte das Schulaufsichtsgesetz, das alle privaten und kirchlichen Schulen in Preußen der staatlichen Schulaufsicht unterstellte.

Kanzelparagraph
- Der so genannte „Kanzelparagraph", als Reichsgesetz, verbot den Geistlichen, staatliche Angelegenheiten im Amt in friedensgefährdender Weise zu behandeln. Damit war den Geistlichen die Gegenwehr von der Kanzel erschwert.

Jesuitengesetz
- Das „Jesuitengesetz" verbot dem aktivsten und gefürchtetsten katholischen Orden alle Niederlassungen in Deutschland. Wie der „Kanzelparagraph" war auch dieses Gesetz als Reichsgesetz auf bayerische Initiative hin verabschiedet worden.

Maigesetze
- 1873 erfolgten, wiederum als Reichsgesetze, die so genannten „Maigesetze". Sie machten die Übernahme eines geistlichen Amtes von einem deutschen Kulturexamen abhängig und beschränkten die Disziplinargewalt der Kirche auf deutsche Kirchenbehörden.

Zivilehe
- In Erweiterung der Maigesetze wurde die Zivilehe in Deutschland obligatorisch eingeführt und die Beurkundung des Personenstandes den neu gegründeten Standesämtern übertragen.

Expatriierungsgesetz
- 1874 folgte eine spezielle Strafgesetzgebung für kirchliche Oppositionelle, sowie das „Expatriierungsgesetz", das die Ausweisung Geistlicher aus den Reichsländern ermöglichte.

Brotkorbgesetz
Klostergesetz
- Den Höhepunkt erreichte die Gesetzgebung mit dem „Brotkorbgesetz", das der katholischen Kirche alle staatlichen Geldmittel sperrte, und dem „Klostergesetz", das alle Orden außer Krankenpflegeorden in Preußen verbot (1875).

Ergebnisse und Auswirkungen
- Bis 1876 waren in Preußen alle katholischen Bischöfe verhaftet oder ausgewiesen, ein Viertel der Pfarrstellen blieb vakant.
- Der Papst hatte 1875 alle Kulturkampfgesetze für ungültig erklärt und diejenigen, die diese Gesetze befolgten, mit dem Kirchenbann bedroht.
- Im Ausland hatte der Kulturkampf bei Protestanten und Liberalen anfänglich Verständnis gefunden; die repressiven Methoden Bismarcks wurden jedoch bald abgelehnt.
- In Polen wurde die katholisch-nationale Bewegung in der Gegenwehr erst recht gestärkt und griff auf schlesische Gebiete über.
- Im Reich schlossen sich die Katholiken zusammen. Bismarcks Gesetze wurden zur besten Propaganda für den politischen

Katholizismus. Bei den Wahlen 1873 in Preußen und 1874 im Reich verdoppelte das Zentrum die Zahl seiner Mandate. Darüber hinaus festigte der Katholizismus seinen Zusammenhalt durch die Gründung zahlreicher Vereine und Zeitungen.
Der Kulturkampf, den Bismarck zusammen mit den Liberalen im Reichstag geführt hatte, **endete in einer schweren Niederlage**. Seit 1876 begann Bismarck allmählich in der Auseinandersetzung einzulenken, da sich die innenpolitische Situation änderte. Bismarck benötigte die Zentrumsstimmen gegen die Liberalen im Reichstag ab 1880. Obwohl die Kulturkampfgesetze allmählich abgebaut wurden, blieb zwischen der neuen, protestantisch-preußischen Reichsregierung und dem Katholizismus ein Riss.

1878 stirbt Pius IX., sein Nachfolger, Leo XIII., ist kompromissbereit.

Die Sozialistengesetze

Die Ursachen

Der stürmische Fortschritt der Industrialisierung ließ in Deutschland eine Arbeiterklasse entstehen. Mit dem Ende der Revolution 1849 hatte sich das deutsche Bürgertum mit Unterstützung des Staates in den staatlich freigelassenen wirtschaftlichen Bereich zurückgezogen und dort seine Energien gebunden. Dies war der Beginn der Industrialisierung in Deutschland, vor allem in Preußen und Sachsen. Die Industrialisierung vermochte einen Teil der Probleme, die das starke Bevölkerungswachstum und die Landflucht* in der zweiten Hälfte des 19. Jahrhunderts in Deutschland mit sich brachten, zu absorbieren. Dabei entstand aber eine ständig wachsende Gruppe von lohnabhängigen und schlecht entlohnten Arbeitern.

Mit den neuen liberalen Strömungen ab 1860 verstärkte sich auch die sozialistische Agitation*. 1863 gründet Ferdinand Lassalle den „Allgemeinen Deutschen Arbeiterverein". 1875 gelang in Gotha die Vereinigung der „Lassalleaner*" mit den Marxisten um Wilhelm Liebknecht und August Bebel. Liebknecht und Bebel hatten 1869 in Eisenach die Sozialdemokratische Arbeiterpartei Deutschlands gegründet.

Die neue Sozialdemokratie stand im Gegensatz zu allen anderen politischen Strömungen:
- zu den Liberalen wegen der Eigentumsfrage;
- zu den Konservativen Monarchisten wegen ihrer demokratisch-republikanischen und revolutionären Orientierung;
- zu den Nationalen wegen des proletarischen Internationalismus*;
- zu den religiösen Parteien wie dem Zentrum wegen der Religionsfeindlichkeit des Marxismus.

Gleichzeitig begann die **Gründung von Gewerkschaften** und die 1873 einsetzende Wirtschaftskrise verstärkte den **Zulauf zur Sozialdemokratie**.

August Bebel (1840–1913) war der Sohn eines preußischen Unteroffiziers und Drechslermeisters. Erst radikalliberal, wendet er sich dem Sozialismus Lassalles zu. Bebel ist zwar Marxist, tritt aber für politische Mäßigung ein.

Ferdinand Lassalle (1825–1864) war der Sohn eines reichen jüdischen Seidenhändlers aus Breslau; nach einem Studium der Philosophie und der Sprachen Privatgelehrter, 1848 Zusammenarbeit mit Marx. 1864 wird er im Duell erschossen.

Wilhelm Liebknecht (1826–1900) war Beamtensohn. Er war 1848/49 Freischärler in Baden und musste nach London fliehen, wo er Marx kennen lernte. Der Philosoph wurde, wie Bebel, in der Zeit zwischen 1871 und 1890 mehrfach verhaftet.

5

„Keeping it down"

Bismarck: „Notwehr von Seiten der staatlichen und gesellschaftlichen Ordnung" [15]

Diese Milderung wurde von den Nationalliberalen durchgesetzt

„Rote Feldpost"

Der Anlass für die Gesetzgebung
Bismarck hatte durchaus Verständnis für die schwierige soziale Lage der Arbeiter. Aber eine internationalistische, republikanische und atheistische Partei konnte der Einiger der Nation, Pietist und treue Diener seines Monarchen nicht akzeptieren. Insbesondere die **revolutionären Bestrebungen innerhalb der Sozialdemokratie fürchtete der Kanzler**. Als die Sozialisten in der Reichstagswahl **1877** zwölf Sitze errangen, beschloss Bismarck, die Sozialdemokratische Partei **durch Sondergesetze** zu **unterdrücken**. Den **Anlass** lieferten **zwei Attentate auf den Kaiser** im Mai und Juni **1878**. Beim zweiten Anschlag wurde der Monarch schwer verletzt. Bismarck nutzte die aufgebrachte Stimmung in der Öffentlichkeit, um mit der Mehrheit des Reichstages ein „Gesetz gegen die gemeingefährlichen Bestrebungen der Sozialdemokratie" zu verabschieden, obwohl zwischen den Attentaten bzw. den Attentätern und der Sozialdemokratie keinerlei Zusammenhang bestand.

Die Inhalte der Sozialistengesetzgebung
- Verbot aller sozialdemokratischen, kommunistischen oder sozialistischen Vereine und Versammlungen;
- Verbot aller sozialistischen Druckschriften;
- Ausweisungsmöglichkeit sozialistischer Agitatoren aus Kreisen und Bezirken durch die Polizei;
- Möglichkeit der Ausrufung des Belagerungszustandes durch die Bundesstaaten in „gefährdeten Bezirken";
- die Gesetzgebung musste alle zweieinhalb Jahre bestätigt werden.

Die Ergebnisse und Auswirkungen
Da das Gesetz die Wahl sozialdemokratischer Abgeordneter nicht verbieten konnte, **durften im Reichstag weiterhin sozialistische Abgeordnete politisch arbeiten**.
Um dem Versammlungsverbot zu entgehen, wich die Partei ins Ausland (Schweiz) aus, ebenso wurden die sozialistischen Druckerzeugnisse aus dem Ausland ins Reich geschmuggelt.
Durch die Gründung von Arbeitersportvereinen, Arbeitergesangvereinen und von Hilfskassen konnte die Organisation der Arbeiter aufrecht erhalten werden.
Von 1877 **bis zur Aufhebung der Gesetzgebung 1890 konnte die Sozialdemokratie** trotz aller Verfolgung **ihren Stimmenanteil im Reichstag verdreifachen**.
Bismarck hatte sich durch die Verfolgung der Sozialisten bei etlichen Deutschen auch außerhalb der Arbeiterbewegung unbeliebt gemacht. Der Verstoß gegen das Grundrecht auf Meinungsfreiheit wurde auch den Nationalliberalen, die für das Gesetz im Reichstag gestimmt hatten, verübelt.

Stimmenzuwachs der SPD 1871–1912

Die Wahl erfolgte nach absolutem Mehrheitswahlrecht: Erreichte ein Kandidat im ersten Wahlgang nicht die absolute Mehrheit, so fand zwischen den beiden Kandidaten mit den meisten Stimmen eine Stichwahl statt. Infolge dieses Wahlsystems entsprach die Zahl der Stimmen, die eine Partei erhielt, nicht der Zahl ihrer Abgeordneten. Das zeigt z. B. das Ergebnis der Reichstagswahl von 1898: Bei einer Bevölkerung von 52,2 Mio. gab es 11,4 Mio. Wahlberechtigte (Männer über 25 Jahren), von denen sich 7,7 Mio. an der Wahl beteiligten. Die drei stärksten Parteien waren

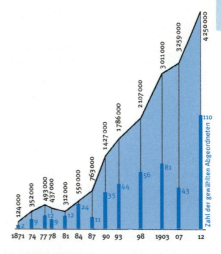

Sozialdemokraten:	2,107 Mio. Stimmen	56 Abgeordnete
Zentrum:	1,455 Mio. Stimmen	102 Abgeordnete
Deutsch-Konservative:	0,859 Mio. Stimmen	56 Abgeordnete

5.5 Bismarcks Auseinandersetzung mit den Liberalen

Ein Jahr, nachdem Bismarck noch mit Hilfe der Nationalliberalen im Reichstag das **Sozialistengesetz verabschiedet** hatte, **kam es mit den Liberalen zum Bruch**.

Die Ursachen

- In der von Bismarck durchgesetzten Zoll- und Finanzreform, die den Übergang des Reiches vom Freihandel zum Protektionismus in der Wirtschaft bedeutete, sahen die meisten Nationalliberalen einen Angriff auf die wirtschaftliche Freiheit.
- Die Liberalen sahen ein, dass Bismarck den Reichstag nur so lange anerkannte, als dieser ihm zustimmte, und dass der Kanzler alles tun würde, um den Einfluss des Parlaments zu mindern.
- Die engen Beziehungen zwischen den Liberalen und dem Thronfolger Friedrich Wilhelm, der seit jeher Bismarcks Politik ablehnte, führten bei Bismarck dazu, sich von den Liberalen abzuwenden. Der Kanzler suchte nach einer neuen Parteien-

„Neomerkantilismus"

Vor allem Agrarprodukte wurden geschützt. Bismarck handelte wohl im Sinne seiner Standeskollegen, der ostelbischen Großagrarier, deren Gewinne von russischen Importen geschmälert wurden.

Vor allem in liberal-konservativen Kreisen!

mehrheit im Reichstag, die ihn im Falle eines Thronwechsels vor dem Sturz durch das Bündnis zwischen dem neuen Kaiser und den Liberalen schützen könnte.
- Bismarcks geplante staatliche Sozialpolitik widersprach den liberalen Vorstellungen von wirtschaftlichem und sozialem Individualismus.

Die Folgen

Gründung der linksliberalen „Liberalen Vereinigung" unter Lasker und Bamberger

Bismarck plant im schlimmsten Fall den Staatsstreich!

Die **nationalliberale Fraktion** im Reichstag **spaltete sich** über den Streit um die Schutzzollfrage. **Zentrum und Linksliberale wurden** neben den Konservativen die **stärksten Gruppierungen. Bismarck war** seither **auf sie angewiesen**, um im Reichstag Mehrheiten zu erreichen. Die Konservativen, auf die er sich verlassen konnte, besaßen keine Mehrheit im Parlament.

5.6 Die Sozialgesetzgebung

Ursachen

Bismarcks Sozialpolitik beabsichtigte vor allem, **die Arbeiter der Sozialdemokratie zu entfremden**. Die schlechte wirtschaftliche Lage der Arbeiter hatte in allen politischen Richtungen zu Diskussionen und Überlegungen geführt:
- Die Liberalen meinten, die Wurzel des Arbeiterelends liege in dem geringen Maß an Freiheit zur Selbsthilfe. Staatliche Wohlfahrtspolitik lehnten sie als Wende zur staatlichen Allmacht ab.
- Bei den Konservativen waren nur einige Außenseiter Anhänger staatlicher Sozialpolitik.

A. von Kolping s. S. 81 Kirchliche Arbeiterpolitik

- Das katholische Zentrum vertrat das Eingreifen des Staates für die Arbeiterschaft aufgrund der neu entwickelten katholischen Soziallehre.

Freiherr von Ketteler s. S. 81

- Die akademische Oberschicht in Deutschland war durch die deutsche Nationalökonomie an den Universitäten beeinflusst, die eine staatliche Sozialpolitik verlangte.

Die Inhalte

Bismarcks Sozialpolitik war kein geschlossenes Sozialprogramm. Ihre Richtung wurde von den jeweiligen innenpolitischen Verhältnissen bestimmt, wie ein Blick auf ihre Chronologie beweist:
1881: Ankündigung der Einführung der Sozialversicherung im Reichstag

1883: Krankenversicherung für Arbeiter, die 1/3 von den Arbeitgebern und 2/3 von den Arbeitnehmern zu zahlen ist
1884: Unfallversicherung mit gleichem Zahlungsmodus
1889: Invaliditätsversicherung, bei der das Reich selbst finanzielle Zuschüsse leistet

5.7 Der Sturz Bismarcks

1888 kam Wilhelm II. im Alter von 29 Jahren auf den Kaiserthron. **Wilhelm II. wollte selbst in die Politik eingreifen**, was seine Vorgänger, die Bismarck „machen" ließen, kaum getan hatten. Bismarck aber dachte nicht daran, dem Streben des jungen Monarchen nach „persönlichem Regiment" Raum zu geben.
Als der Reichstag die Verlängerung des Sozialistengesetzes ablehnte (1890) und Bismarck trotz Neuwahlen keine tragfähige Mehrheit im Parlament besaß, erhielt der Kaiser den gewünschten Anlass, Bismarck gehen zu lassen.

„Der Lotse geht von Bord"

5.8 Beurteilung der Innenpolitik Bismarcks

Bismarcks Innenpolitik schuf eher neue Gegensätze, als dass sie das Reich einte. Bis 1918 waren viele Liberale, Arbeiter und Katholiken, die seiner autoritären Pressionspolitik zum Opfer gefallen waren oder sich als Opfer fühlten, dem Reich entfremdet. Häufig wurde, was den Stil seiner Regierung betraf, von einer **Kanzlerdiktatur** gesprochen

Max Weber 1895: „Das Werk Bismarcks hätte nicht nur zur äußeren, sondern auch zur inneren Einigung der Nation führen sollen... Sie konnte mit seinen Mitteln nicht erreicht werden." [16]

5.9 Die Außenpolitik des neuen Reiches unter Bismarck

Mit der Reichsgründung hatte sich das gesamte Mächteverhältnis in Europa entscheidend verändert. Durch den Sieg über Frankreich war das junge Reich zur stärksten Militärmacht Europas zu Lande aufgestiegen. Bismarck musste jetzt als neuer Reichskanzler das Deutsche Reich in das politische System Europas einbinden.

*„cauchemar des coalitions"
= „Alptraum der Bündnisse"*

5

Bismarcks außenpolitische Prinzipien

Kissinger Diktat 1877

Die geopolitische Lage des neuen Reiches in Europa (Mittellage) bedingte zusammen mit der „halbhegemonialen" Stellung des Kaiserreiches die Gefahr, dass sich die umliegenden Großmächte zu einem Einkreisungsbündnis finden könnten. Dies umso mehr, als Frankreichs Revanchepolitik* darauf abzielen musste, diese Situation herbeizuführen. Bismarcks Politik war deshalb vorrangig darauf aus, **Bündnisse zwischen den anderen Großmächten**, auch wenn sie sich gar nicht gegen das Reich richteten, **nach Möglichkeit zu verhindern; es sei denn, Bismarck konnte auf das Bündnis Einfluss nehmen**.

Bismarck: „Das Reich als Bleigarnitur am Stehaufmännchen Europa" [17]

Der Kanzler ging dabei von folgenden Grundsätzen aus:
- Der politische Dauerfeind Frankreich musste politisch isoliert sein und durfte für keine Macht Bündnispartner werden.
- Die Teilhabe des Deutschen Reiches an allen Bündnissen in Europa musste sichergestellt werden.
- Das Deutsche Reich sollte Konflikte unter den anderen Mächten fördern.
- Damit aus diesen Konflikten kein Krieg entstehen konnte, der das ganze System gefährdet hätte, sollte die deutsche Außenpolitik so weit ausgleichend auf die anderen Mächte wirken, dass die Konflikte zwar nicht zum Krieg eskalierten, aber weiter schwelten.
- Um das Reich selbst, in seiner Mittellage in Europa, in keinen dieser Konflikte mit hineinzuziehen, sollten die Reibungen zwischen den Mächten möglichst weit weg an der „Peripherie" Europas angesiedelt sein. Das politische Ziel war der Versuch, die anderen Mächte durch deren Rivalität von einem Bündnis gegen das Reich abzuhalten. Gleichzeitig konnte Deutschland als gesuchter Partner eine freie (Ver-)Mittlerstellung innerhalb dieses Systems des „labilen Gleichgewichts" einnehmen.

Bismarcks außenpolitisches Credo nach 1871

Die Bündnisse

Die Bündnisse mit Österreich und Italien
Der Zweibund

In der Folge der **Beschwichtigungspolitik** hatte Bismarck zu Österreich ein freundliches Verhältnis aufgebaut. Dank des Pragmatismus* der Donaumonarchie, welche die neuen Realitäten in Europa sehr schnell anerkannte, kam es 1879 zum so genannten Zweibundvertrag.

Vertragsinhalt: Beide Mächte verpflichteten sich im Falle eines Angriffs durch Russland auf einen der Partner zu Beistand und zwar auch dann, wenn sich Russland dem Angriff einer fremden Macht anschließen würde.

Bismarck wollte außerdem durch den Zweibund Druck auf Russland ausüben, um das Zarenreich zu einer engeren Anbindung an das Reich zu zwingen.

Bedeutung: Der Vertrag sicherte die Unterstützung Österreichs im Falle des gefürchteten Zweifrontenangriffs. Er wurde auf die Dauer zum Mittelpunkt des Bismarck'schen Vertragssystems, obwohl der Kanzler in dem Vertrag keine einseitige Parteinahme für Österreich sehen wollte.

Der Dreibund

Seit 1881 näherte sich Italien wegen kolonialer Streitigkeiten mit Frankreich dem Deutschen Reich an. Dies führte 1882 zum Abschluss des Dreibundes mit dem Reich und Österreich.

Vertragsinhalt:
- Im Falle eines französischen Angriffs auf Italien waren die beiden anderen Mächte zum Beistand verpflichtet.
- Im Falle des französischen Angriffs auf das Reich war nur Italien, nicht Österreich-Ungarn, zum Beistand verpflichtet.
- Beim Angriff einer anderen Macht auf einen oder mehrere Vertragspartner sicherten sich die vertragschließenden Seiten wohlwollende Neutralität zu.

Bismarck hatte, um Frankreich abzulenken, dessen Kolonialpolitik in Nordafrika und Fernost unterstützt. 1882 annektierte Frankreich Tunis, auf das Italien ein Auge geworfen hatte.

Bedeutung: Der Vertrag richtete sich gegen Frankreich. Durch die Neutralitätszusage Italiens bekam außerdem Österreich bei einem russischen Angriff den Rücken frei. Insoweit enthielt der Vertrag auch eine unausgesprochene Spitze gegen Russland. Zusätzlich hielt das Bündnis Italien von einer Koalition gegen das Reich fern. Bismarck schätzte den **tatsächlichen Wert des Vertrags nicht sehr hoch ein**, da er wusste, dass die italienischen Interessen sich mit denen Österreichs kreuzten. Der Vertrag stellt keine Erweiterung des Zweibundes dar. Er ist vielmehr als eigener Vertrag zu betrachten. Der Versuch, 1887 England in das Bündnis mit einzubeziehen, misslang.

Österreich hielt sich, so gut es konnte, aus der „Erbfeindschaft" zwischen Frankreich und Deutschland heraus.

Der Vertrag, der alle fünf Jahre verlängert werden musste, hielt bis zum Ersten Weltkrieg.

so genannte „Orientkrise"

Die Bündnisse mit Russland

Russland hatte **1873** mit Österreich und dem Deutschen Reich im **Dreikaiserbund ein gutes Verhältnis** gesucht. **1878** aber hatte sich Russland unter dem Vorwand, die Christenheit **auf dem Balkan*** zu schützen, in den Krieg zwischen Serbien und der Türkei **eingemischt**. Die Türkei konnte nicht standhalten und musste dem Zaren im Frieden von San Stefano Einfluss auf die Dardanellen* einräumen. Wie schon im Krimkrieg musste Österreich um seinen Einfluss auf dem Balkan fürchten und **England sah die Sicherheit der Dardanellen bedroht**. Als beide Mächte mit Krieg drohten, gab das Zarenreich nach und erklärte sich zu Verhandlungen bereit.

Der Kongress der europäischen Mächte fand auf deutsches und russisches Betreiben in Berlin statt, denn Russland hatte den Krieg auf dem Balkan in der Hoffnung auf deutsches Wohlverhalten geführt und glaubte deshalb, mit Bismarck als Vermittler und Berlin als Konferenzort, seine Interessen gut vertreten. Doch **Bismarck** versuchte, als **„ehrlicher Makler"** gegenüber allen Parteien unbe-

„Der Zar präsentiert den Wechsel für 1870/71." [18]

„Bismarck als Weichensteller"

5

Im „Ohrfeigenbrief" des Zaren an Wilhelm I. 1879 beschwerte sich dieser bitter über die deutsche „Undankbarkeit".

Innenpolitische Unruhen in Russland, Zar Alexander II. wird ermordet.

fangen zu vermitteln. Es gelang ihm zwar, den Krieg zu verhindern und den Konflikt weiter schwelen zu lassen, aber der in der Konferenz erzielte **Erhalt des „Status quo" ging eindeutig zu Lasten Petersburgs**. Das **Verhältnis des deutschen Reiches zu Russland verschlechterte sich** erheblich. Das Bündnis mit Österreich, Russlands Konkurrenten auf dem Balkan*, tat 1879 ein Weiteres.

Der Dreikaiservertrag

Das Hauptbestreben Bismarcks musste jetzt darin bestehen, eine Annäherung zwischen Russland und Frankreich zu verhindern, um die Umzingelung des Reiches zu vermeiden. Da koloniale oder sonstige Reibungspunkte zwischen beiden Mächten nicht vorhanden waren, musste der Reichskanzler ganz auf das russische Wohlverhalten setzen. 1881 gelang es im Dreikaiservertrag, dank des Einlenkens Russlands und Österreichs zu friedlichem Einvernehmen zu gelangen.

Vertragsinhalt: Im Falle des Angriffs einer vierten Macht sicherten sich die drei Mächte gegenseitig wohlwollende Neutralität zu. Im Fall eines Angriffs auf die Türkei galt die Neutralitätspflicht nur nach gesonderter Absprache.

Bedeutung: Das Deutsche Reich erhielt **Rückenfreiheit für den Fall eines Krieges mit Frankreich**. Russland konnte einen militärischen Zugriff auf die Dardanellen nicht so leicht wiederholen. Der Balkankonflikt zwischen Russland und Österreich schien unter Kontrolle.

Schon 1885 war das österreichisch-russische Verhältnis im Balkan wegen der bulgarischen Krise schwer erschüttert. **1887 lief der Dreikaiservertrag aus**, eine **Verlängerung** war **wegen des Konflikts zwischen Wien und Petersburg nicht mehr möglich**.

Der Rückversicherungsvertrag

1887 schloss Bismarck, um ein lückenloses Vertragsnetz zu bekommen, mit Russland den so genannten Rückversicherungsvertrag, denn die panslawistische Partei in Russland forderte ein russisch-französisches Bündnis, und in Frankreich hatte General Boulanger gerade eine massive revanchistische Strömung in Öffentlichkeit und Politik entfacht.

Vertragsinhalt: Deutschland sagte für den Fall eines österreichischen, Russland für den Fall eines französischen Angriffs auf den Vertragspartner Neutralität zu. Im „ganz geheimen Zusatzprotokoll" bestätigte das Reich dem Zaren Bulgarien und das Schwarze Meer als Einfluss-Sphäre.

Bismarcks Sohn Herbert: Der Vertrag „hält uns die Russen im Ernstfall wohl doch sechs bis acht Wochen länger vom Hals". [19]

Bedeutung: **Der Rückversicherungsvertrag diente der Verhinderung eines drohenden Krieges**. Der deutsche Generalstab hatte den Präventivkrieg gegen Russland bereits ins Auge gefasst. Im Falle des Kriegsausbruchs war der Vertrag **nach Ansicht Bismarcks** aber **wenig wert**. Während Bismarck im Rückversicherungsvertrag dem Zarenreich Einfluss in Bulgarien und im Schwarzen Meer einräumte, betrieb er gleichzeitig im so genannten Mittelmeerabkommen die Fernhaltung Russlands von diesen Gebieten.

Das Verhältnis Bismarcks zu England
Zwar gelang es Bismarck im Berliner Kongress, Vertrauen in seine Politik zu gewinnen, aber ein direktes Bündnis mit dem Reich ging London nicht ein, obwohl das Empire mit Frankreich in Afrika und mit Russland im Schwarzen Meer und im Mittleren Osten in Konflikt geraten war. **England versuchte, genauso wie das Reich, freie Hand zu behalten.** Das einzige Bündnis, das London, von Bismarck gefördert, einging, war die Mittelmeerentente zwischen Österreich, Italien und dem Empire.
Vertragsinhalt: Aufrechterhaltung des Status quo im Mittelmeer und im Schwarzen Meer; Bestätigung der Türkei als Hüterin der Meerengen*.
Bedeutung: Russland wurde von den Dardanellen fern gehalten. Österreichs Stellung gegen Russland war gestärkt. Deutschland hatte mit dem Vertrag England indirekt in sein außenpolitisches Vertragssystem eingebunden.
Ein **direktes Bündnis zwischen beiden Mächten kam** trotz mehrerer Versuche Bismarcks vor allem deshalb **nicht zustande**, weil England um das Machtgleichgewicht fürchtete und jede Macht glaubte, im Vertragsfall in die Situation geraten zu können, „für den anderen die Kastanien aus dem Feuer holen zu müssen".

Der englische Premier Lord Salisbury lehnte 1889 ein deutsches Bündnisangebot direkt ab.

Orientdreibund 1887

Bismarck: „Reserve für den Fall, dass es wirklich zum Schlagen kommt" [20]

„Kastanienpolitik"

Bismarck und Frankreich
Das französische Revanchestreben versuchte Bismarck auf verschiedene Weise zu neutralisieren:
- Isolation Frankreichs durch Einbindung der anderen Mächte in Vertragswerke mit dem Reich;
- Unterstützung der französischen Kolonialpolitik in Afrika und Fernost mit dem Ziel, die Aufmerksamkeit der Franzosen von der Mitte Europas abzulenken;
- Verwicklung Frankreichs in Konflikte mit anderen Mächten.

Obwohl Bismarck von 1882-1885 einige, allerdings halbherzige Versuche der Annäherung unternahm, blieb die **Bedrohung durch Frankreich fester Bestandteil der deutschen Außenpolitik**.

so genanntes „rapprochement"

Probleme der Außenpolitik Bismarcks

Die Bindung an die Person Bismarcks
Die **deutsche Außenpolitik war vollständig an die Person Bismarcks gebunden**. Nur das Vertrauen in den Politiker Bismarck und seine Fähigkeiten von Seiten der ausländischen Partner machte das System der Verträge möglich. Als Bismarck schließlich abtrat, war keiner da, der seine Politik weiterführen konnte.

Der Staatssekretär im Auswärtigen Amt, Friedrich von Holstein, sprach von „Vertragsweberei". [21]
Bismarcks Nachfolger Caprivi verzichtet auf das „Spiel mit den fünf Bällen".

5

Die politischen Belastungen des Systems

- Durch die enge Bindung an Österreich, die durch den nationalen Gedanken zusätzlich emotional beladen war, wurden dem Reich Österreichs außenpolitische Probleme mit aufgebürdet. **Bismarcks Konzept**, die anderen Mächte an die Peripherie Europas abzulenken, **ging** daher **nicht auf**.

- Der Balkankonflikt* zwischen Österreich und Russland „schlug auf die Mitte Europas zurück" (Zechlin). Andererseits waren in Deutschland die freundlichen Gefühle für die Donaumonarchie so stark, dass eine Politik des Verständnisses für die panslawistisch-nationalistischen Interessen des Zarenreichs auf dem Balkan innenpolitisch nur schwer durchsetzbar gewesen wäre. Außerdem hätte der Erfolg Russlands über Österreich auf dem Balkan das Zarenreich langfristig zur neuen Hegemonialmacht in Europa machen können und das Mächtegleichgewicht empfindlich gestört. Dieses Problem, das sich schon auf dem Berliner Kongress andeutete, wurde mit der zunehmenden Schlagkraft der panslawistischen Bewegung stetig größer.

  Bismarck wollte im schlimmsten Fall den Vertrag mit Österreich brechen und den Balkan Russland überlassen.

- Hinzu kam, dass im Zusammenhang mit dem Kurswechsel der deutschen Wirtschaftspolitik von der Freihandels- zur Schutzzollpolitik, die Schutzzolltarife von 1879 den landwirtschaftlichen Export des Zarenreiches ins Deutsche Reich schwer schädigten und in Russland nachhaltige Verstimmung hervorriefen. Als später auf Druck der militärischen Führung Russland durch **Kreditsperren** gehindert werden sollte, eine der deutschen gleichwertige militärische Infrastruktur aufzubauen, zog **englisches und vor allem französisches Kapital nach Russland** und verstärkte den Einfluss dieser Mächte auf die Politik Petersburgs.

- Schon vom Rückversicherungsvertrag meinte der Kanzler selbst, er werde bestenfalls Russland im Kriegsfalle sechs Wochen vor dem Angriff auf Deutschland zurückhalten.

- Da Frankreich aber als Gegner feststand, **fiel und stand** die Konzeption des Systems **mit dem Verhältnis zu Russland**. An der **Unfähigkeit der Nachfolger Bismarcks, dieses Verhältnis zu retten** und die Annäherung Frankreichs und Russlands zu verhindern, brach das System Bismarcks zusammen. Ebenso führte die Aufteilung der Welt zur **Beendigung der Kolonialkonflikte** an der Peripherie.

- Ohne die Person Bismarcks und ohne neue überzeugende Alternativen steuerte die deutsche Außenpolitik seit 1890 in eine ungewisse Zukunft.

  Es beginnt die außenpolitische Periode der so genannten „Zickzackpolitik".

Bündnissysteme der europäischen Mächte 1871 - 1914

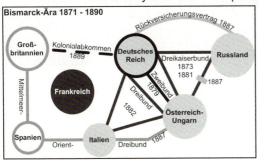
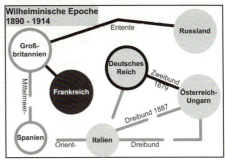

Bewertung Bismarcks durch seine Zeitgenossen
Bis zum Jahr 1866 überwog die Ablehnung. Nach dem Sieg von 1866 entstand zuerst in Preußen, nach 1870 in ganz Deutschland ein Umschwung. **Allmählich** kam es im nationalen Bürgertum und in der kleindeutschen Geschichtsschreibung zum **Geniekult um den Reichskanzler**. Dem stand die Feindschaft der besiegten Franzosen im Ausland gegenüber. Im Inland erblickte die politische Opposition in ihm den Diktator und den Zerstörer alter Rechte. Häufig wurde Bismarck von Seiten der Liberalen, Demokraten und Partikularisten Cäsarismus* (= Bonapartismus) vorgeworfen. Nach seiner Abdankung 1890 wurde Bismarck zusehends **zum nationalen Mythos hochstilisiert**.

Der Kanzler war im Ausland bis 1866 mehr geachtet als in Deutschland.

Bewertung in der Weimarer Republik und im Nationalsozialismus
Nach 1918 begann zum ersten Mal die kritische Untersuchung und Deutung der Bismarck'schen Politik und seiner Person.
Der Nationalsozialismus betonte die cäsaristische, machtbewusste Komponente, lehnte aber die unideologische, „unvölkische" und nicht „großdeutsche" pragmatische* Haltung Bismarcks ab.

Meist positiv, im In- wie im Ausland

Beurteilung in Deutschland nach 1945
Seit 1945 änderte sich die Beurteilung des Kanzlers, weil man untersuchte, welche alternativen Lösungen der politischen Fragen in Deutschland möglich gewesen wären und welche langfristigen Folgen Bismarcks Politik in Bezug auf die Kontinuität des Nationalstaats hatte. So wird Bismarck oft vorgehalten, nicht nur Begründer der deutschen Einheit gewesen zu sein, sondern zugleich durch die autoritäre Form der Lösung der deutschen Frage den Keim zum Untergang der preußisch-deutschen Großmacht mit gelegt zu haben. Denn der Sieg des Machtstaatsgedankens über Liberalität und Demokratie führte zum Obrigkeitsstaat und zum Untertanengeist im Reich. Hinzu trat die Unfähigkeit Bismarcks, die Arbeiterklasse mit dem Reich zu versöhnen, und der preußische „Blut- und Eisen"-Militarismus*. Die heutige Geschichtsschreibung kritisiert Bismarcks Innenpolitik zum größten Teil und auch seine Außenpolitik wird von einigen als Beginn eines verschlungenen „Weges zu Hitler" (Golo Mann) gesehen.

Über die Frage, ob Bismarck den Krieg 1870/71 gewollt habe oder nicht, gibt es bis heute kontroverse Meinungen.

Zusammenfassung: Die Ära Bismarck in Preußen und Deutschland

Bismarck war 1862 preußischer Ministerpräsident geworden, weil der preußische König im Etat-Konflikt mit dem Landtag einen Ausweg suchte. Bismarck überging das Parlament durch die so genannte Lückentheorie. Schon jetzt zeigte sich Bismarcks Vorstellung von Politik als Realpolitik, unideologisch und langfristig auf Ausgleich der verschiedenen Interessen bedacht. Einzige Ziele waren Staatsräson und Treue zu König und Preußen. Soweit Bismarck die deutsche Einigung im Auge hatte, dachte er auch an die Machterweiterung Preußens.

Der Konflikt mit Dänemark ermöglichte Bismarck, den Krieg mit Österreich um die deutsche Frage gegen die Donaumonarchie zu entscheiden. Hier zeigte Bismarck das gleiche Geschick wie später im französischen Krieg. Außenpolitisch sorgfältig vorbereitet, möglichst ohne Risiko, wurde der Gegner schnell geschlagen und ein großzügiger Friede abgeschlossen, der möglichst die Interessen aller europäischen Mächte nicht verletzte. Österreich schied aus der deutschen Politik aus und die mit Wien besiegten deutschen Mittel- und Kleinstaaten wurden vertraglich eng an Preußen gebunden.

Ob Bismarck den Krieg mit Frankreich gewollt hat oder nicht, ist umstritten. Jedenfalls war der Krieg wieder außenpolitisch gut vorbereitet und wurde von der preußischen Armee und den verbündeten deutschen Staaten sicher gewonnen.

Die staatliche Einigung Deutschlands unter preußischer Führung mit Preußens König als Kaiser war die Folge. Die Verfassung des neuen Reiches schnitt Bismarck auf seine Person zu. Um das neue deutsche Staatsvolk mit dem Reich zu verbinden, schuf er zum ersten Mal seit 1848 ein Parlament mit freiem und gleichem Wahlrecht, das aber geringe Befugnisse hatte. Souveräne des neuen Staates waren die deutschen Fürsten.

Wieder stellte Bismarck nach dem Sieg die europäischen Staaten ruhig und erklärte, das neue Reich sei saturiert. Gegen seinen Willen musste Frankreich Elsass-Lothringen abtreten, was Paris zum beständigen Gegner machte. Bismarcks Außenpolitik zielte nun darauf ab, Frankreich zu isolieren und die europäischen Mächte außerhalb Europas in Konflikte zu verwickeln. Das Reich selbst blieb in freier Mittlerstellung konfliktfrei. Aber das Konzept ging nicht ganz auf. Der enge Bund mit Wien, das mit dem expansiven Zarenreich auf dem Balkan in Konflikt geriet und deutsche Schutzzollpolitik führten zur Verstimmung mit Russland.

Innenpolitisch spaltete Bismarck das Reich, das er geeint hatte. Nachdem er sich mit dem Katholizismus im Kulturkampf ergebnislos auseinander gesetzt hatte, geriet er in Konflikt mit den Liberalen. Auch der Kampf gegen die Sozialdemokratie ging verloren. Trotz seiner Sozialgesetzgebung hatte Bismarck die Arbeiterschaft dem Reich entfremdet.

Nach dem Tod Kaiser Wilhelms I. wurde Bismarck vom Nachfolger Wilhelm II., der selbst Politik machen wollte und die Versöhnung mit der Arbeiterschaft suchte, 1890 entlassen.

Bis heute ist Bismarcks Politik umstritten. Der Anerkennung seines außenpolitischen Geschicks steht vor allem heftige Kritik seiner Innenpolitik gegenüber.

Deutschland im Zeitalter des Imperialismus

6

Reichstagsabgeordneter Arendt bei einer Inspektionsfahrt in Afrika

Ludwigs XIV. (Maler: Hyacinthe Rigaud, 1701)

Wilhelm II. im Stile Ludwigs XIV. (Maler: Max Koner, 1890)

6.1 Rechtfertigung des Imperialismus

(lat. imperium = Herrschaft)

Imperialismus bezeichnet das politische **Bemühen eines Staates, seine Machthoheit über andere Länder bzw. Völker auszudehnen**. Europas imperialistische Traditionen reichen bis in das Spätmittelalter zurück, als Spanien und Portugal als erste Nationen beginnen, überseeischen Besitz gegen den Willen der unterworfenen und ausgebeuteten Urbevölkerungen an sich zu bringen. Als in Europa das Zeitalter des Imperialismus anbricht, haben die „alten Nationen" **längst jahrhundertealten Kolonialbesitz**. Auch die Überzeugung, nationale Macht und wirtschaftliche Prosperität* hänge auch mit der Beherrschung außereuropäischer Märkte und Gebiete zusammen, ist schon aus dem absolutistischen* Merkantilismus* bekannt. **Neu ist nur die Radikalität und Intensität des Vorgehens**, das darauf abzielt, **die ganze Welt unter den** wirtschaftlichen und kulturellen **Einfluss der europäischen Kulturen** zu bringen. Die Methoden werden zunehmend verfeinert. Neben die brutale Annexion* (Kolonien) tritt häufiger die mit unterworfenen Eliten vertraglich vereinbarte Hegemonie über Territorien (Protektorate = Schutzgebiete) und zunehmend die Beherrschung fremder Territorien, teils durch abgepresste Privilegien, vor allem aber durch Korruption der herrschenden Schichten und erzwungener Dominanz (Forderung nach Marktfreiheit) auf den Märkten dieser Territorien infolge überlegener Wirtschafts- und Kapitalkraft (Dollarimperialismus).

Wirtschaftsimperialismus

Britisches Hauptmotiv und auch Bismarcks Motiv, neben dem Sozialimperialismus

- Sicherung von Seestraßen und Handelswegen;
- kolonialistischer oder marktbeherrschender Zugriff auf Rohstoffvorkommen und billige Arbeit, oft mit dem Ziel eigener nationaler Autarkie;
- Kolonialistischer oder monopolistischer* Zugriff auf neue Märkte, auch als Alternative gegen nationale Schutzzollpolitik;
- Auffangen der Auswanderungen als Folge von Überbevölkerung im eigenen kolonial erweiterten Territorium;

Im Inland angebots- und wachstumsorientierte Wirtschaft ohne Kaufkraft der Binnenmärkte (Industrialisierung und Niedriglöhne)

- allgemeine ökonomische Überzeugung des Großbürgertums, dass ohne Rohstoffkolonien und koloniale Märkte das Wirtschaftswachstum einer Nation nicht aufrechterhalten werden kann.

Kulturimperialismus (Sendungsbewusstsein)

- Glaube an kulturelle Überlegenheit: Erlösung der Menschheit von Krankheit und Armut
- Zivilisatorische Mission: Erlösung der Menschheit von Unwissenheit und Unmoral
- Religiöse Mission: Erlösung der Menschheit vom falschen Glauben
- Politische Mission des Liberalismus: Erlösung der Menschheit von Unfreiheit und Unterdrückung

Im Deutschen Reich Stöcker

Speziell amerikanisch-französisches Motiv

Nationalismus und Rassismus

- Nationales Prestige* und nationale Selbsterhaltung verlangen weltweit Einsatz von Macht und Gewalt in der Konkurrenz der Nationen (Militarismus*).
- Die Idee vom Verbreitungs- und Fortpflanzungsrecht des biologisch Stärkeren auf Kosten der Schwächeren als wissenschaftliches Naturgesetz (Darwin, Häckel) wird auf alle menschlichen und gesellschaftlichen Bereiche übertragen.
- Die erweiterte, wissenschaftlich unzulässige Interpretation der Lehre Darwins legitimiert allgemein den Vorteil des Stärkeren als natürliches Recht, das den Schwächeren schützt, wird insbesondere im Bereich des Völkerrechts oft als unnatürlich betrachtet.
- Es ist für Rassisten naturgegebene Pflicht, das Stärkere, das mit dem Besseren gleichgesetzt wird, biologisch durchzusetzen, zum Ziele einer besseren menschlichen Rasse in einer besseren Welt.

Nationalimperialismus

- Ideologie der Einheit von Menschen nicht mehr nur gleicher, sondern ähnlicher Rasse, Kultur, Sprache, Herkunft oder Geschichte in einer Großnation (z.B. Panslawismus, Pangermanismus).
- Glaube auch an die subjektive Überlegenheit der eigenen Kultur und Kulturfähigkeit gegenüber anderen Kulturen (z. B. „Die slawische Seele").
- Diese imperialistischen Ideen sind (in Europa und Asien) nicht unbedingt auf überseeische Ziele (Kolonien) gerichtet, sondern ebenso auf Annexion* angrenzender Staatsgebiete (Festlandsimperialismus).

„Am deutschen Wesen soll die Welt genesen."

v. a. Russland!

6

Eines der Hauptmotive Bismarcks. Im Jahr des Beginns der Bismarck'schen Kolonialpolitik 1884 waren kritische Reichstagswahlen!

Sozialimperialismus

- Die These vom Sozialimperialismus erklärt und ergänzt die Motive des Imperialismus innenpolitisch-gesellschaftlich. Demnach sollen Imperialismus und Kolonialpolitik unter anderem auch von inneren sozialen und gesellschaftlichen Problemen ablenken, indem der Nation ein neues Betätigungsfeld gegeben wird, das den Unterschichten Alternativen und Hoffnungen zeigt, den Blick der Öffentlichkeit aus der Nation herauslenkt und so das Primat* der Innenpolitik unterläuft.
- Neben anderen Motiven soll der Imperialismus also vor allem auch für innenpolitische Stabilität sorgen.

6.2 Die großen Nationen und der Imperialismus

Großbritannien

- Großbritannien ist **traditionelle Kolonialmacht**, als erste Seemacht weltweit agierend, mit dem Anspruch, alle bedeutenden Seestraßen und maritimen Handelswege der Welt zu kontrollieren.
- Die theoretisch-sachliche Begründung des Imperialismus kommt vor allem **aus wirtschaftlichen Motiven**. Die Industrialisierung Großbritanniens steht mit kolonialen Rohstoffquellen und Märkten in Zusammenhang. Daneben steht eine christlich-protestantische Missionsidee. Auch rassistisches Überlegenheitsdenken spielt mit.
- Die erste Seemacht und Weltmacht betreibt den **Aufbau eines Kolonialreichs vor allem rund um den Indischen Ozean**.

Der Kolonialkonflikt mit Frankreich hatte in England Tradition (Siebenjähriger Krieg).
- Als Konfliktnationen kommen alle Nationen in Betracht, die weltweit über See ökonomisch und politisch konkurrieren oder wichtige Seestraßen blockieren könnten (zuerst Frankreich und Russland, später vor allem Deutschland).

Frankreich

- Frankreich **kompensiert die Niederlagen und Verluste des Krieges 1870** durch verstärktes imperialistisches Engagement in seiner alten Kolonialtradition, unterstützt vom siegreichen deutschen Gegner, der Frankreich von Europa ablenken will (Bismarck).

- Rechtfertigung liefern vor allem **kulturimperialistische Vorstellungen**, die Welt mit den Ideen der französischen Aufklärung emanzipieren zu wollen, es treten auch rassistische Vorstellungen dazu.
- Kolonien v. a. im nordafrikanischen aber auch im asiatischen Raum.
- Konfliktnationen sind im Mittelmeerraum Italien und weltweit Großbritannien.

Russland

- Der russische Imperialismus etabliert sich als **Festlandsimperialismus**.
- Als Leitideologie dient neben der traditionellen Expansion nach Osten der Panslawismus, der unter der Zarenkrone alle slawischen Völker vereinigen soll, und eine cäsaristische* Herrschaftsideologie („Petersburg/Moskau als drittes Rom"). Außerdem strebt das Zarenreich den freien Zugang in die Weltmeere aus eisfreien Häfen an, um für die Territorien des Fernen Ostens Seewege zu erschließen. Preußen-Deutschland unterstützt Petersburg in seinen Bestrebungen, soweit sie Russland von Europa ablenken, steuert aber am Schwarzen Meer und im Balkan* heimlich Gegenkurs.
- Russland betreibt von seinen Grenzen aus Expansionsversuche im Bereich des Schwarzen Meeres (Zugang zum Mittelmeer), im persisch-afghanischen Bereich (Zugang zum Indischen Ozean) und in Korea.
- Konfliktnationen sind die Türkei, Großbritannien, zunehmend auch Österreich und das aufsteigende Japan (Korea).

Vereinigte Staaten

- Die USA **tritt erst spät als echte Kolonialmacht auf**, ist aber wirtschaftsimperialistisch* schon lange im Pazifik und Mittelatlantik tätig (1853/54 gewalttätige Öffnung japanischer Häfen).
- Die **politisch-ideologische Rechtfertigung ähnelt der englischen**, dazu tritt das Sendungsbewusstsein bürgerlicher Liberalität.
- Der Kolonialbesitz wird größtenteils Spanien gewalttätig geraubt (Spanisch-Amerikanischer Krieg 1898).
- Konfliktnationen sind das hilflose Spanien und zunehmend das aufsteigende Japan.

6.3 Die neue Außenpolitik des deutschen Imperialismus

Der Aufstieg des Reiches zur imperialistischen Kolonialmacht

Die Anfänge

Vor allem hanseatische Kaufleute betreiben in Afrika und im Pazifik auf eigene Faust die Gründung von Niederlassungen und schlossen mit einheimischen Mächten (Häuptlingen) Verträge ab. 1882 entstand der Deutsche Kolonialverein, 1884 konstituierte sich in Berlin eine „Gesellschaft für deutsche Kolonisation", die Kapital aufbringen, in Übersee koloniale Ländereien erwerben und die Auswanderung dorthin fördern wollte. Diese Vereine verschafften sich solch starkes öffentliches Gehör (u. a. durch den angesehenen Afrikaforscher Carl Peters), dass Bismarck sogar im Reichstag Stellung nehmen musste. Insbesondere das **nationalistische Argument, Deutschland sei bisher bei der Verteilung der Welt zu kurz gekommen** und könne es sich als europäische Hegemonialmacht nicht mehr leisten, auch noch bei der Verteilung des Restes zu spät zu kommen, spielte als Motiv eine nicht zu unterschätzende Rolle. Wie in England und Frankreich traten **auch kulturimperialistische und rassistische Rechtfertigungsgründe** hinzu.

Peters drohte sogar, seine gekauften Vertragsrechte an Belgien zu verkaufen.

1887 fusionieren beide Vereine zur deutschen Kolonialgesellschaft.

Bismarck und der Imperialismus

Der Reichskanzler hatte ursprünglich für koloniale und imperialistische Ideen wenig Verständnis. Er hatte gegenüber dem Ausland 1871 Deutschland für saturiert erklärt und wollte den Reibungspunkten in der internationalen Politik, die die imperialistische Konkurrenz um Kolonialerwerbungen mit sich brachte, aus dem Wege gehen. Deshalb förderte er lieber den Kolonialismus anderer Nationen, um diese weit entfernt von Europa miteinander in Konflikt zu bringen und für Deutschland eine freie Mittlerstellung zu erlangen. Er versprach den privaten deutschen Kolonisatoren 1884 immerhin Schutzbriefe des Reiches zur Garantie ihrer Erwerbungen, die ab diesem Jahr auch ausgestellt wurden (1884/85: Kamerun, Togo, Deutsch-Südwestafrika, Deutsch-Ostafrika, Südseekolonien).

Bismarck: „Meine Karte von Afrika liegt in Europa".[1]

Erst ab 1884/85 begann Bismarck politisch die Protektorate in der Kongo-Konferenz gegenüber England und Frankreich abzusichern. Warum Bismarck in den letzten Regierungsjahren gegen die eigenen Prinzipien zu handeln schien, ist bis heute umstritten. Die Motivlage, die die These des **Sozialimperialismus** aufzeigt, **er-**

scheint derzeit am ehesten plausibel. Bismarck versuchte möglicherweise, wie es Wilhelm Liebknecht schon 1885 im Reichstag formulierte, die „soziale Frage einfach zu exportieren". Andere Meinungen gehen davon aus, dass Bismarck - wenn auch zögerlich - die Gelegenheit nutzte, die die günstige politische Lage in der Kongo-Konferenz für eine relativ konfliktfreie deutsche Kolonialpolitik bot, auch um durch einen außenpolitischen Erfolg die anstehenden Wahlen zu beeinflussen. **Zu den kolonialen Erwerbungen aus der Mitte der 80er-Jahre** des 19. Jahrhunderts **kam in späteren Zeiten nicht mehr viel hinzu.** Trotz großen politischen Aufwands gelang nur noch 1897/98 der Erwerb Tsingtaos in China und 1899 der Ankauf einiger spanischer Inseln zur Erweiterung des Südseebesitzes.

Die den Imperialismus strikt ablehnende Haltung der Sozialdemokratie wurde von vielen Angehörigen der sozialdemokratischen Wählerschichten, die hofften, aus Imperialismus und Kolonialismus Vorteile ziehen zu können, nicht verstanden. Daraus wollten Konservative und Liberale bei den Reichstagswahlen 1884 politisches Kapital schlagen.

Die deutsche Öffentlichkeit und der Imperialismus

Trotz der schon in den frühen 80er-Jahren einsetzenden kolonialen Bestrebungen blieb das **öffentliche Interesse** zu diesem Thema **in Deutschland bis etwa 1890 eher zurückhaltend. Erst dann** gewann auch in der öffentlichen Meinung die Thematik an **Bedeutung**, sowohl im Zusammenhang mit dem aggressiver werdenden Nationalismus in Deutschland und Europa, aber auch **dank einer breiteren publizistischen Arbeit der kolonialistischen Verbände** und der Wirtschaft, die auch verstärkt auf Abenteuerlust, Fernweh und romantische Exotik abzielte.

Die Produktwerbung bemächtigte sich zunehmend dieses Themas.

Das deutsche Kolonialreich

Das deutsche Kolonialreich war im Vergleich zu den Kolonialreichen Englands und Frankreichs **recht klein**. Es umfasste im Vergleich zum britischen Kolonialreich etwa ein Zehntel der Fläche und ein Zwanzigstel der Bevölkerung, nur wenig größer als die Kolonialgebiete Belgiens oder Portugals. Wirtschaftlich hatten die Kolonialgebiete für Deutschland fast keine Bedeutung. Rohstoffe (Kupfer und Diamanten) gab es nur in Deutsch-Südwestafrika (Namibia), der Außenhandel mit den Kolonien machte für die zweitgrößte Handelsmacht der Welt **kaum ein halbes Prozent des gesamten Außenhandelsumfangs aus**. Auch als Auswanderungsgebiet spielte nur Deutsch-Südwestafrika eine gewisse Rolle. Es lebten in den deutschen Kolonien nie mehr als etwa 25 000 Deutsche. Nach wie vor gingen die deutschen Auswanderer (jährlich bis zu 200 000 Menschen) vorzugsweise in die USA, nach Südamerika oder nach Australien und stärkten so die Ressourcen anderer Nationen.

Deutschland hatte in Afrika zumeist nur Restgebiete erwerben können, die wirtschaftlich weniger interessant waren. Landwirtschaftlich hatten die Territorien eher „Masse als Klasse" aufzuweisen (Steppe, Wüste, Urwald). Das machte die Besiedlung durch Auswanderer eher uninteressant.

Britische Kolonialbesitzungen in Asien und Afrika um 1900　　Französische Kolonialbesitzungen in Asien und Afrika um 1900　　Deutsche Kolonialbesitzungen in der Welt um 1900

Deutschlands Streben nach der Weltmacht

Wilhelm II. und die neue Außenpolitik

Wilhelm II. erwies sich trotz intellektueller Begabung als ein **anachronistisch und absolutistisch denkender, zur Überschätzung neigender, großspuriger Regent**. Viele seiner später so stark kritisierten Schwächen, etwa seine überzogenen Reden oder zuweilen bis ins Maßlose gesteigerten Überlegungen waren aber auch bei vielen seiner Zeitgenossen zu entdecken, denen der deutsche Nationalismus zu Kopfe gestiegen war. Die erwartungsvolle, optimistische, zukunftsorientierte, **oft übermäßig selbstbewusste Mentalität und Anspruchshaltung der wirtschaftlichen und militärischen Eliten von Adel und Bürgertum** prägten die **so genannte „Wilhelminische Epoche"** wirtschaftlich, gesellschaftlich und politisch.

Der junge Kaiser **Wilhelm II. wollte selbst Politik machen**. Die Reichsverfassung, die dem Kaiser im militärischen Bereich ganz und außenpolitisch teilweise freie Hand ließ, machte deutsche Politik sehr abhängig von der Persönlichkeit des Monarchen und dem Verhältnis zu seinem Kanzler. Wilhelms Entschlossenheit, „Weltpolitik" zu betreiben und das Reich „herrlichen Zeiten" entgegenzuführen, war einer der Gründe gewesen, Bismarck zu entlassen. Die **nachfolgenden Kanzler** waren von Wilhelm in der Absicht herausgesucht und ernannt worden, als **Handlanger** seiner selbstherrlichen und großspurigen Politik zu dienen. Die Anfangsbelastungen der neuen Außenpolitik waren vielfältig:

- Eine neue Generation, zu der auch der junge Kaiser zählte, erwartete von dem neuen Reich mehr als nur die Lösung der nationalen Frage. **Das neue Reich** sollte nun, da es schon europäische Hegemonialmacht und zweitgrößte Wirtschaftsmacht der Erde war, **zur zweiten Weltmacht neben England aufsteigen**. Diese Generation zeigte oft **übersteigertes nationales Selbstbewusstsein** und Unfähigkeit, die Begrenztheit des eigenen politischen Handlungsspielraums und der eigenen Möglichkeiten überschauen zu wollen oder zu können.

Die Reichsverfassung hätte einer Mehrheit der anderen deutschen Reichsfürsten durchaus Maßnahmen zur Beruhigung des jungen Kaisers ermöglicht. Die Passivität der oft ganz anders denkenden, zum Teil sehr maßvollen und politisch erfahrenen Reichsfürsten, lässt den starken Einfluss der nationalistischen und chauvinistischen Eliten erahnen. Zugleich glaubte man angesichts der zunehmenden politischen Stärke der Sozialdemokratie keine Uneinigkeit zeigen zu dürfen.

- Gerade in Deutschland, das seine nationale Frage erfolgreich mit „Blut und Eisen" gelöst hatte, zeigte sich stärker als anderen Orts eine **neue aggressive nationalistische Mentalität**, die Politik nur in den Kategorien von Macht, Gewalt und Gegengewalt sehen und bewerten wollte. Der stetig zunehmende Militarismus* in Staat und Gesellschaft stärkte dieses Denken, das seinerseits den Militarismus förderte.
- Der Kaiser neigte zu nationalem Überschwang und teilte nationalistische Selbstüberschätzung und Arroganz mit vielen seiner Zeitgenossen.
- **Wilhelms II. Schwäche**, großspurig und lautstark bei öffentlichen Anlässen **rhetorisch zu entgleisen, verprellte öfters** nachhaltig **das Ausland** und weckte dort schlimmste Befürchtungen.

Kontinentaleuropäische Außenpolitik des Wilhelminischen Deutschland 1890 bis 1900

Das neue **Weltmachtstreben konterkarierte das politische Prinzip der „Saturiertheit" des Deutschen Reiches**. Eine Fortsetzung der Bismarck'schen Politik schien deshalb von deutscher Seite nicht mehr möglich und erstrebenswert. Wilhelms II. neuer Kanzler **von Caprivi** (1890–94) und dessen Nachfolger **von Hohenlohe** (1894–1900) leiteten eine **neue Politik** ein, die **pragmatisch**, je nach Gelegenheit, **den Vorteil des Reiches suchen sollte** (Zick-Zack-Politik) und als **einzige feste Größe** das unerschütterliche Festhalten am **Bündnis mit Österreich** (Nibelungentreue) und das Bündnis mit Italien (Dreibund) einplante. Zwar wurde mit dem noch von Bismarck eingefädelten Kolonialabkommen mit England zum ersten Mal Großbritannien in das Vertragssystem wenigstens locker eingebunden (1889/90), aber der **Rückversicherungsvertrag** wurde gegen den Willen Russlands **1890 gekündigt**. Als Folge der unfreundlichen Politik des Reiches gegenüber Russland näherte sich das Zarenreich politisch und wirtschaftlich Frankreich an (Bündnis 1894). Der Dreibund musste jetzt ausreichen, um die von den Wilhelminischen Politikern als unvermeidbar hingenommene **Einkreisung durch Frankreich und Russland** zu neutralisieren. Das in Kontinentaleuropa jetzt entstandene **Gleichgewicht der Kräfte** entsprach den britischen Interessen. Noch konnte Großbritannien deshalb das außenpolitische Prinzip der „Splendid Isolation" aufrechterhalten, auch wenn das Zarenreich außen- und innenpolitisch zunehmend an Kraft verlor und Wilhelm II. sich ungebeten und für Großbritannien ärgerlich in den Burenkrieg (1898-1902) einmischte und auch durch lautstarke Orientpolitik in England für Unruhe sorgte (1898).

6

Der wirtschaftliche Aufstieg des Deutschen Reiches

Die fortschreitende Industrialisierung und Technisierung Deutschlands hatte zusammen mit einer rasanten Bevölkerungsentwicklung das durch Bismarcks Zollmauern wirtschaftlich geschützte Deutschland als Wirtschafts-, Industrie- und Handelsnation zur **führenden Wirtschaftsnation in Europa** gemacht. Wirtschaftliches und nationalistisches Konkurrenzdenken, wie es für den Imperialismus typisch war, **führte** in Europa, **vor allem** aber **in Großbritannien zu wachsendem Misstrauen und nationalistischer Eifersucht**. Im September 1897 forderte die englische Zeitung „Saturday Review" in einem Artikel über die deutsche Konkurrenz in altrömischer Tradition „Germaniam esse delendam"(Deutschland muss zerstört werden).

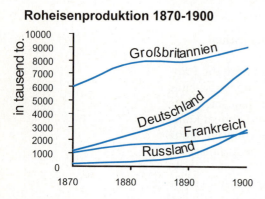

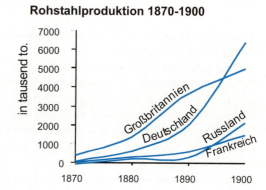

Die Flottenpolitik bis 1900

Bis 1895 war Deutschland die zweitgrößte Handelsnation der Welt geworden. Bis zum ersten Flottengesetz 1898 war dennoch die deutsche Hochseekriegsflotte ohne besondere militärische Bedeutung und deutlich kleiner als etwa die französische oder italienische Flotte. Ab 1896 begann das Umdenken, das nach Berufung von Alfred Tirpitz ins Reichsmarineamt **1898 ein erstes Flottengesetz brachte**. Hinter diesem neuen politischen Kurs stand neben industriellen und kaufmännischen Interessen vor allem großbürgerlicher hanseatischer Kreise der **Wille des Kaisers**, der den Aufbau einer starken Kriegsflotte zu seiner **persönlichen Angelegenheit** machte. Aber erst das zweite Flottengesetz im Jahr 1900 führte zum Bau einer **„Risikoflotte"**, die sich direkt gegen englische Interessen richtete.

Die neue außenpolitische Lage um 1900

Gleichzeitig mit der ersten Flottenvorlage 1898 hatten Verhandlungen zwischen Berlin und London begonnen, die sich bis zum Jahr 1901 hinzogen, bevor sie ergebnislos abgebrochen wurden. Deutschland war zwar willens gewesen, sich auf ein Flottenbegrenzungsabkommen mit England einzulassen, forderte aber als Gegenleistung ein Bündnis (Anschluss Großbritanniens an den Dreibund). **England** war bereit, dem Deutschen Reich nicht nur eine ansehnliche Flotte zuzugestehen, sondern auch eine Sicherheitsgarantie für die Benutzung der weltweiten Seewege anzubieten, **wollte sich aber in keinem Fall an Deutschland binden, sondern freie Hand behalten**. Das Angebot wohlwollender Neutralität war andererseits dem Wilhelminischen **Kaiserreich** zu wenig, das zu dieser Zeit **hoffte**, durch starke Rüstungsanstrengungen im Marinebereich und der daraus folgenden Bedrohung der britischen Seeherrschaft in der Nordsee vor der eigenen Küste (Risikoflotte), **das britische Imperium irgendwann zum Bündnis zwingen zu können**.

In **der Folge wendete sich England Frankreich und etwas später auch Russland zu**. Durch eigenes Verschulden, verursacht vor allem durch hochmütige Überschätzung der eigenen Möglichkeiten und Fehleinschätzung des Konfliktpotentials unter den anderen Mächten kehrte das Deutsche Reich von 1890 bis 1900 die außenpolitischen Verhältnisse um. Nicht mehr der „Erbfeind" Frankreich war isoliert, wie es Bismarcks außenpolitisches Kernziel gewesen war, sondern **das Reich selbst lief Gefahr isoliert zu werden**.

Die Idee der Risikoflotte stammte vor allem von Tirpitz. Es ging Tirpitz darum, dass ein Teil der weltweit operierenden britischen Flotte (Homefleet) im Kriegsfall dem Risiko ausgesetzt sein sollte, vor der eigenen Küste gegen einen starken Gegner siegen zu müssen. Denn eine Niederlage barg die Gefahr der Möglichkeit einer maritimen Wirtschaftsblockade Großbritanniens. Das Gros der Kaiserlichen Flotte lag schwer angreifbar in der Ostsee, konnte aber über den Kaiser-Wilhelm-Kanal (Nord-Ostsee-Kanal) schnell und sicher in die Nordsee einfahren.

Dass London das Kriegsrisiko in der Nordsee so hoch einschätzte, dass es bereit war, die koloniale Welt mit den anderen Mächten friedlich zu teilen und seine bündnisfreie Stellung zu Ungunsten Berlins aufzugeben, hatte die deutsche Außenpolitik mit erstaunlicher Bestimmtheit ausgeschlossen.

Deutsche Außenpolitik 1871 - 1914: Veränderung der Konfliktlinien

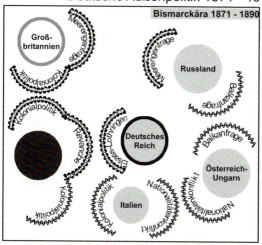
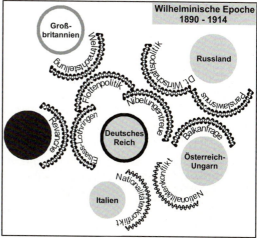

6.4 Die innere Politik des Reiches nach Bismarck bis 1900

Die so genannte „Wilhelminische Epoche" in Deutschland

Verbesserung der sozialen Verhältnisse und Hebung des Lebensstandards

Die Zeit zwischen 1890 und 1900 war in Deutschland eine Periode des wirtschaftlichen und sozialen Aufstiegs. Die stetig zunehmende Organisation der anwachsenden deutschen Arbeiterschaft in Sozialdemokratie und Gewerkschaften überzeugte das Bürgertum von der Richtigkeit der Bismarck'schen Sozialpolitik, die sich dank guter Konjunkturlage finanzieren ließ. Die Phase liberalerer Handelspolitik ab 1891 senkte die Lebensmittelpreise. Neben der Arbeiterklasse wuchs in der Industrie eine neue Angestelltenschicht gut bezahlter wissenschaftlich-technischer und wirtschaftlicher Intelligenz. Der Militär- und Beamtenapparat wurde erweitert und die Zahl selbstständiger Akademiker (Ärzte und Rechtsanwälte) nahm zu. Die Kaufkraft der Gesamtbevölkerung erhöhte sich. Für das wissenschaftlich-technisch gebildete Bürgertum ergab sich die Möglichkeit, im Rahmen der Technisierung des Militärs (zuerst v. a. Flotte) in ursprünglich dem Adel vorbehaltene Stellungen aufzurücken (hohe Offiziersränge). Die Adelsschicht ihrerseits versuchte das reiche Großbürgertum, von dem zunehmend die eigentliche Macht im Lande ausging, zu integrieren (Adelung oder Heirat).

Die politisch-militärisch-wirtschaftliche Hegemonie* in Europa sicherte ein Staatswesen, dessen Stärke im Willen zur Macht begründet schien. Zugleich förderte das Vorbild des im Kadavergehorsam* erstarrten preußischen Militärs durch den Einfluss des Militarismus* in der Gesellschaft Unterwürfigkeit und Untertanengeist.

Das Deutsche Reich galt als „Land der Dichter und Denker". In zahlreichen naturwissenschaftlichen Disziplinen und technischen Bereichen war Deutschland führend in der Welt. Der Glaube an die Lösungsmöglichkeit aller Probleme durch Vernunft (Wissenschaftsglaube) und Maschineneinsatz (Technikglaube) war allgemein ausgeprägt.

Vor allem das gebildete Bürgertum reagierte mit Zukunftsoptimismus, überzogenem Selbstbewusstsein und Überschätzung der eigenen Möglichkeiten und Fähigkeiten.

Mit Hilfe einer halbwissenschaftlichen Biologie konnte aus den gesellschaftlichen und wirtschaftlichen Erfolgen eine naturgegebene Überlegenheit der eigenen Nation gegenüber anderen

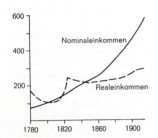

Arbeitseinkommen pro Jahr und Beschäftigten (1800 = 100)

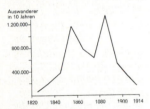

Deutsche Auswanderer 1860–1900

Wissenschaft: Physik, Chemie, Pharmazie, Medizin
Industrie: Antriebs- und Elektrotechnik, Chemie, Pharmazie

erfunden werden, die die Selbstgefälligkeit und Überheblichkeit von Teilen des Bürgertums bis ins Äußerste steigerte (Darwinismus, Rassismus).

So wurde Wilhelms Spruch, er werde Deutschland herrlichen Zeiten entgegenführen, bei vielen Deutschen durchaus ernst genommen.

Das preußisch-deutsche Bildungssystem idealisierte autoritäres und machtorientiertes politisches Handeln und befürwortete Gewalt als letztes Lösungsmittel.

Das „persönliche Regiment" Wilhelms II.

Wilhelms großspuriges Gehabe beruhte auf der einen Seite auf bürgerlichem Nationalismus und der auf ihn zurückwirkenden öffentlichen Selbstüberschätzung, kam auf der anderen Seite aber auch aus persönlicher Arroganz und gänzlich antiquierten feudalistisch-absolutistischen Vorstellungen. So wollte der junge Kaiser beispielsweise die Arbeiterklasse mit dem Staat versöhnen, aber jene Arbeiter sollten zugleich gehorsame kaiserliche Untertanen sein. Dem parlamentarischen bürgerlichen Liberalismus im Deutschen Reichstag stand er im Glauben an das eigene Gottesgnadentum verständnislos und ablehnend gegenüber.

„Was mir an dem Kaiser gefällt, ist der totale Bruch mit dem Alten, und was mir an dem Kaiser nicht gefällt, ist das im Widerspruch dazu stehende Wiederherstellenwollen des Uralten". 2

In seiner näheren persönlichen Umgebung erwartete der Kaiser **Kadavergehorsam***. Es entwickelte sich um ihn eine Ergebenheit heuchelnde, großbürgerlich-adelige **„Hofkamarilla*"** von Schmeichlern, die auf seine Wahrnehmung der innen- und außenpolitischen Realitäten zuweilen unglücklichen Einfluss nahm. Der in Deutschland wachsende **Militarismus** in Kombination mit dem starken unkontrollierbaren Einfluss des Militärs auf den Kaiser, der im ersten Regierungsjahrzehnt allzu gerne den „forschen Leutnant" mimte, stärkte das autoritäre Denken Wilhelms in den Dimensionen von Befehl und Gehorsam. So war auch der **Handlungsspielraum des Reichskanzlers** durch den Machtwillen des oft in irrealen Dimensionen denkenden Kaisers **stark eingeengt**, zumal Wilhelm **als Reichskanzler nur ihm ergebene Personen** in Betracht zog. Weder Caprivi noch dessen Nachfolger Hohenlohe-Schillingsfürst konnten oder wollten deshalb der deutschen Politik ein eigenes reelles Konzept geben.

Man sprach später von so genanntem „Byzantinismus".

Das Militär entwickelte, vom Kaiser gedeckt, eine nahezu unkontrollierte Eigenständigkeit.

Wilhelms nationalistisches Gerede war andererseits bei vielen Deutschen durchaus populär und **diente erfolgreich dazu, von den ungelösten innenpolitischen Problemen abzulenken**, vor allem von der Ablehnung des Wilhelminischen Staates durch die Arbeiterschaft und der Machtlosigkeit des Bürgertums, die sich in der Hilflosigkeit des Reichstages zeigte.

Die Opposition gegen die Wilhelminische Politik

Durch die Aufhebung der Sozialistengesetze 1890 und die für die damalige Zeit großzügigen Arbeiterschutzgesetze 1890/91 glaub-

6

1890: Erfurter Programm der SPD

Wilhelm II.: „vaterlandslose Gesellen"

II. Internationale 1899

Anarchisten-, Umsturz-, so genannte Zuchthausvorlage
Widerstand von Liberalen, Zentrum und SPD

Der Flottenverein brachte es immerhin auf über eine Million Mitglieder, etwa 5 Millionen Deutsche waren in den patriotischen Kriegervereinen organisiert.

In Deutschland Bertha von Suttner (1843–1914)

1899 Haager Friedenskonferenz, Land- und Seekriegsordnung

ten Wilhelm II. und auch sein Kanzler Caprivi die Arbeiterschaft wieder mit dem Staat versöhnen zu können. Aber die **Reaktion der seit 1890 marxistischen SPD blieb ablehnend**. Gleichzeitig organisierten sich die politisch unabhängigen freien sozialistischen Gewerkschaften nach Industriezweigen. Das Scheitern dieses Versöhnungsversuchs verhärtete den Dissenz zwischen Arbeiterklasse und der herrschenden Schicht, die sich ihrerseits von der Arbeiterklasse abwandte und sie als gefährlichen politischen Feind sah, zumal die marxistische Arbeiterschaft dem bürgerlichen militaristischen Nationalismus den sozialistischen pazifistischen Internationalismus* entgegenstellte. Von 1884 bis 1890 verdreifachten sich die abgegebenen Wahlstimmen für die SPD, es war absehbar, dass die SPD die stärkste Reichstagsfraktion würde. Kaiser Wilhelms Versuch, gegen SPD und Gewerkschaften repressiv vorzugehen, scheiterte am Widerstand des Reichstages und kostete Reichskanzler Caprivi das Amt. Immerhin gelang die **Aufrüstung von Heer und Flotte**. Die Heeresvorlage 1893, die das Heer um 83 000 Mann erhöhte, konnte nur durch Auflösung des Reichstages durchgebracht werden. Auch die **Flottenvorlage ging nur mit Mühe durch**, vor allem weil es Admiral Tirpitz und den interessierten Konzernen gelang, die Öffentlichkeit an den Parteien vorbei dafür zu begeistern (Gründung des Alldeutschen Verbandes 1891 und des Flottenvereins 1898).

Gegen den wachsenden Militarismus kämpfte eine seit dem ersten Drittel des 19. Jahrhunderts in Friedensgesellschaften organisierte, zunehmend einflussreiche, pazifistische Bewegung, die um die Jahrhundertwende zum ersten Mal politische Durchschlagskraft gewann.

Liberale und Zentrum im Reichstag trauten zwar dem Kaiser infolge seiner antiparlamentarischen, absolutistischen Neigungen nicht recht, gaben aber oft einer militaristischen und nationalistischen öffentlichen Stimmung nach, die von patriotischen Vereinen und der Wirtschaft gesteuert wurde. Die stetig wachsende Kraft der gefürchteten Sozialdemokratie machte sie darüber hinaus **konfliktscheu** und ließ sie oft auf Regierungslinie einschwenken, nur um nicht in die politische Nähe der SPD zu geraten.

Zusammenfassung: Deutschland im Zeitalter des Imperialismus

Obwohl Bismarck kein Imperialist war, führte er Deutschland als Kolonialmacht in das Zeitalter des Imperialismus. Als Hauptmotiv scheint der Sozialimperialismus, Ablenkung von innenpolitischen und sozialen Konflikten durch imperialistische Eroberungs- und Kolonialpolitik, ausschlaggebend gewesen zu sein. Daneben spielte für das wirtschaftlich expandierende Reich bei schwacher Binnennachfrage infolge geringer Löhne die Suche nach neuen Märkten und Rohstoffquellen ebenso eine Rolle, wie die Schaffung von Siedlungsraum für die starke Auswanderungsbewegung. Andere Motive wie Sendungsbewusstsein und Weltmachtstreben kamen anfänglich weniger in Betracht. Tatsächlich war das deutsche Kolonialreich klein, unrentabel und wirtschaftlich wie politisch uninteressant, der seit 1890 erstrebten Weltmachtstellung im Grunde nicht angemessen.

Die Epoche von 1890 – 1918 in Deutschland wird oft als „Wilhelminisches Zeitalter" bezeichnet. Die Benennung dieses Zeitabschnittes mit der Person Wilhelms II. zeugt zwar von dessen erheblicher persönlicher Einflussnahme auf die deutsche Politik und Kultur, aber es zeigt sich auch der unselige Einfluss einer nationalistisch-arroganten, sich selbst überschätzenden Elite aus Adel, Wirtschafts- und Bildungsbürgertum auf den Kaiser, dessen Entgleisungen in großtönenden Reden In- und Ausland entsetzten. Die Reichsverfassung, von Bismarck auf Bismarck zugeschnitten, besaß für den „Fall Wilhelm" keine Kontrollmöglichkeiten. Die von Wilhelm ausgewählten Kanzler hatten zu wenig Profil, um eigene Politik durchsetzen zu können.

Die außenpolitische Situation des Deutschen Reiches veränderte sich. Das Bismarck'sche Prinzip der Saturiertheit des Reiches wurde dem „Griff nach der Weltmacht" (Fritz Fischer) geopfert. Zu diesem Zweck sollte eine pragmatische Politik wechselnder Bündnisse dienen, unter Ausschöpfung aller Gelegenheiten Vorteile zu erlangen. Russland war politisch und wirtschaftlich verprellt und England durch eine aggressive Außen- und Militärpolitik (Risikoflotte) in seinem Abwehr- und Konkurrenzverhalten bestärkt. Einzige feste Position blieb das Bündnis mit der K. u. K. –Monarchie. Wilhelm und seine Berater glaubten, die Wirtschafts- und Kolonialkonflikte der europäischen Mächte untereinander seien so stark, dass das Reich in der Behandlung seiner Nachbarn Spielraum habe und England im Rahmen seiner Konflikte mit Frankreich und Russland irgendwann in die Arme des Reichs getrieben werde. Tatsächlich näherten sich die drei Mächte unter dem Druck der politischen Tatsachen einander an. Innenpolitisch konnte Wilhelm durch nationalistische Töne, Militarismus und imperiales Gehabe große Teile einer patriotischen Öffentlichkeit für sich gewinnen, die durch Presse, Wirtschaft und politische Vereine manipuliert war. Trotz der seinerzeit großzügigen Sozialgesetzgebung gelang es Wilhelm wie Bismarck nicht, die zum Marxismus tendierende deutsche Arbeiterschaft mit dem Staat zu versöhnen. Enttäuscht wandten sich Wilhelm und die adelig bürgerlichen Eliten von der Arbeiterklasse ab, die sie als inneren Feind betrachteten. Die marxistische SPD war auf dem Weg, zur stärksten Partei zu werden.

Fragen und Arbeitsaufträge

1. **Von Napoleon bis zum Wiener Kongress**
    1. Skizzieren Sie den Verlauf des deutschen Befreiungskrieges gegen das napoleonische Frankreich.
    2. Die preußischen Reformen werden auch gerne in Gegenüberstellung zur französischen Revolution als „typisch deutsche Revolution von oben" betrachtet. Diskutieren Sie diese Aussage kontrovers.
    3. Napoleon wurde in Deutschland ebenso gehasst wie bewundert. Erklären Sie dieses Phänomen aus der deutschen Geschichte zwischen 1800 und 1815.
    4. Der Wiener Kongress wird oft wegen seiner restaurativen und reaktionären Ergebnisse hart kritisiert. Auf der anderen Seite fällen einige Historiker über diesen Kongress ein positives Urteil, weil seine Ergebnisse für Europa 50 Jahre Frieden bedeuteten. Stellen Sie beide Sichtweisen kritisch gegenüber.
    5. Verdeutlichen Sie den Verlauf der Veränderungen in der politischen Welt des deutschen Bürgertums von 1800 bis 1818.

2. **Die Zeit des Vormärz**
    1. Beschreiben Sie Begriff und Forderungen des Liberalismus.
    2. Erläutern Sie Inhalte und Auswirkungen der Karlsbader Beschlüsse für den betroffenen europäischen Raum.
    3. Stellen Sie Idylle und Weltschmerz der Romantik und des Biedermeier in den historisch-politischen Zusammenhang.
    4. Skizzieren Sie die wesentlichen politischen Aktionen der Opposition im Vormärz.
    5. Erläutern Sie den Begriff Pauperismus.
    6. Umreißen Sie den Begriff und die Entstehung des deutschen Nationalismus.

3. **Die Revolution 1848 und die Folgen**
    1. Vergleichen Sie Struktur und Inhalt der Paulskirchenverfassung mit der Verfassung der Bundesrepublik.
    2. Entwerfen Sie für die revolutionären Ereignisse in Deutschland und Österreich 1848/49 ein Verlaufsdiagramm.

3. Vergleichen Sie den Verlauf der Revolution in Preußen mit dem in Österreich und in den deutschen Klein- und Mittelstaaten.
4. Erörtern Sie die These, dass das Paulskirchenparlament von Anfang an auf verlorenem Posten stand, nie eine reelle Chance auf Verwirklichung des deutschen Nationalstaates hatte und dies erst begriff, als sowieso alles verloren war.
5. Setzen Sie sich kritisch mit der Behauptung auseinander, da die Deutschen aufgrund ihrer Mentalität zu erfolgreichen Revolutionen nicht in der Lage seien, müsse ihnen letztendlich eine aufgeklärte Herrschaftselite den Fortschritt von oben als Reform spendieren.
6. Beschreiben Sie die oktroyierte Verfassung Preußens von 1849.
7. Erörtern Sie die politischen und konzeptiven Probleme, vor denen die Schöpfer der neuen Frankfurter Verfassung 1848 standen.

4. Industrialisierung und soziale Frage

1. Beschreiben Sie die Entwicklung der Industrialisierung in Deutschland.
2. Während eine Gruppe von Historikern die industrielle Revolution als Armutskatastrophe für die lohnabhängigen Menschen betrachtet, weisen viele Wirtschaftshistoriker darauf hin, dass der Pauperismus gerade durch die Industrialisierung überwunden worden sei. Stellen Sie beide Thesen begründet gegenüber.
3. Stellen Sie die vielfältigen Ursachen der industriellen Revolution in einem strukturierten Schaubild Ihrer Wahl dar.
4. Skizzieren Sie die zahlreichen sozialen Folgen der Industrialisierung.
5. Diskutieren Sie die beliebte Frage, ob die Industrialisierung in Deutschland vorrangig ein Kind der Marktfreiheit oder vor allem die Folge des aufgeklärten technischen Erfindergeistes oder insbesondere ein Produkt politischer und gesellschaftlicher Zwänge war.

5. Die Ära Bismarck in Preußen und Deutschland

1. Erläutern Sie anhand von Beispielen Bismarcks außenpolitisches Konzept.
2. Beschreiben Sie den Verlauf der Bismarck'schen Innenpolitik im Kaiserreich.

3. Überlegen Sie, ob und wie Bismarck'sche Politikkonzeptionen heute noch zur Lösung politischer Probleme herangezogen werden könnten.
4. Überlegen Sie, wie ein „verschlungener Weg von Bismarck zu Hitler" konstruiert werden könnte.
5. Erörtern Sie die Frage, warum Bismarck innenpolitisch an die Erfolge seiner Außenpolitik nicht anknüpfen konnte.
6. Zeigen Sie die Motive, die Bismarck zur Durchführung einer für das damalige Europa einmaligen Sozialpolitik bewegten.

6. Deutschland im Zeitalter des Imperialismus

1. Spielen Sie für das deutsche außenpolitische (Nicht)Konzept der Wilhelminischen Ära überzeugend realistische, möglicherweise erfolgreichere Gegenkonzepte durch.
2. Bewerten Sie deutsche Außenpolitik des ausgehenden 19. Jahrhunderts im Blick auf den Ausbruch des Ersten Weltkrieges.
3. Erklären Sie, was das Prinzip des Sozialimperialismus von anderen Legitimationsversuchen des Imperialismus unterscheidet.
4. Stellen Sie die großen imperialistischen Mächte der Welt und ihre imperialistischen Motivationen dar.
5. Einige Historiker behaupten, viele Ergebnisse des ersten Weltkrieges, vor allem der Untergang der Donaumonarchie, des Zarenreiches, aber auch des Deutschen Kaiserreiches, seien schon Jahrzehnte zuvor absehbar gewesen. Erörtern Sie diese These.
6. Beschreiben Sie die typische politisch-gesellschaftliche Mentalität der bürgerlich-adeligen Oberschicht im Deutschland des Wilhelminischen Zeitalters.

Arbeitsaufträge im Abitur und bei Klausuren

I. Wissen

Arbeitsaufträge	Erwartungen bezüglich Umfang, Intensität und Darstellungsform
Nennen Sie ...	Knappe Aneinanderreihung oder Auflistung von Fakten bzw. Einzelaspekten, deren Erklärung nicht nötig ist.
Zählen Sie auf ...	Knappe Auflistung von Fakten bzw. Einzelaspekten, deren Erklärung nicht nötig ist.
Skizzieren Sie ...	Knappe Darstellung eines Sachverhalts in seinen Grundzügen. Dabei Wiedergabe der wichtigen Einzelaspekte chronologisch und inhaltlich präzise.
Definieren Sie ...	Sprachlich kurze Erklärung eines Begriffes.
Stellen/Legen Sie dar ...	Detaillierte Beschreibung eines Sachverhalts, wobei Zusammenhänge, Folgen, Auswirkungen etc. deutlich werden müssen.
Geben Sie wieder ...	Geordnete Präsentation von Lernwissen.
Zeigen Sie, dass/wie ...	Wiedergabe von umfangreichem, detailliertem Lernwissen. Sinnvolle Struktur/Gliederung nötig.
Beschreiben Sie ...	Reproduktion von umfangreichem, inhaltlich geordnetem Lernwissen.
Charakterisieren Sie ...	Umfassende Darstellung eines Sachverhalts anhand von kennzeichnenden, typischen Wesensmerkmalen.
Weisen Sie nach, dass ...	Reproduktion von umfangreichem Lernwissen.
Kennzeichnen Sie ...	Ausführliche Darstellung der wesentlichen Aspekte/Ereignisse, einer Epoche, einer bestimmten Politik etc.
Erläutern/Erklären Sie ...	Umfassende Darstellung eines Sachverhalts. Dabei müssen diejenigen Zusammenhänge deutlich und differenziert herausgestellt werden, die für das Verständnis eines komplexen Sachverhalts notwendig sind. „Differenziert" beinhaltet, dass dabei auch kurz auf positive oder negative Begleitaspekte, Folgen, Auswirkungen etc. eingegangen wird.

II. Können und Anwenden (von Methoden)

Arbeitsaufträge	Erwartungen bezüglich Umfang, Intensität und Darstellungsform
Belegen Sie an einem Beispiel, dass ...	Nachweis der Richtigkeit einer Maßnahme, Aussage, Behauptung etc. anhand von Lernwissen, das auf einen Einzelaspekt angewendet wird.
Ordnen Sie zu/ein ...	Darstellung eines Teilaspekts in seinem größeren Rahmen, der anhand von umfassendem Lernwissen beschrieben wird.
Wenden Sie ihre Kenntnisse über ... auf ... an	Knappe Anwendung von Lernwissen auf einen vorgegebenen Aspekt.
Vergleichen Sie ...	Umfassende Darstellung von Gemeinsamkeiten, Ähnlichkeiten, Unterschieden.
Stellen Sie gegenüber ...	Umfassender und detaillierter Vergleich zweier vorgegebener Aspekte.
Fassen Sie/thesenartig/ zusammen ...	Eingehende Analyse des Textes unter einem bestimmten, vorgegebenen Aspekt. Thesenartig: kurze, prägnante, jedoch vollständige Sätze.
Erschließen Sie aus ... Ermitteln Sie aus ... Leiten Sie ab ...	Eingehende Textanalyse, deren Ergebnis (z. B. Einstellung, Haltung, Einschätzung) nicht explizit im Text genannt wird, sondern sich als Quintessenz aus Inhalt und Sprache ergibt.
Analysieren Sie ...	Eingehende, differenzierte Untersuchung des Textes.
Erarbeiten Sie aus dem Text/anhand des Textes ... Arbeiten Sie heraus ...	Eingehende Analyse des Textes unter einem bestimmten Aspekt. Impliziert ist, dass die einzelnen Aspekte des zu erarbeitenden Sachverhalts im ganzen Text zu finden sind.

III. Problemerörterndes Denken, Werten und Beurteilen

Arbeitsaufträge	Erwartungen bezüglich Umfang, Intensität und Darstellungsform
Prüfen/Überprüfen Sie ...	Differenzierte Bekräftigung, Infragestellung, Ablehnung oder Erörterung eines Ereignisses, eines Sachverhalts auf der Basis von detailliertem Lernwissen und mit Hilfe von Belegen. Dabei Gegenüberstellung von positiven und negativen Aspekten, die bezüglich ihrer Bedeutung gewichtet werden müssen. Oft kein eindeutiges Gesamturteil, da einzelne Teilbereiche unterschiedlich oder gegensätzlich sein/bewertet werden können.
Erwägen Sie ...	Prüfung der Richtigkeit bzw. Angemessenheit einer Aussage/Maßnahme auf der Basis von detailliertem Lernwissen.
Beurteilen Sie ...	Umfassend begründete, inhaltlich und sprachlich überzeugende Stellungnahme auf der Basis von sicherem Lernwissen.
Nehmen Sie Stellung zu ...	Umfassende Beurteilung eines (meist problematischen) Sachverhalts, der aufgrund seiner Komplexität und Kompliziertheit unterschiedliche Betrachtungsweisen ermöglicht/erforderlich macht. Grundlage der Beurteilung ist detailliertes, sprachlich und inhaltlich überzeugend präsentiertes Lernwissen.
Untersuchen Sie, ob ...	Umfassend begründete, differenzierte Entscheidung, die sprachlich deutlich zum Ausdruck gebracht wird.
Begründen Sie ...	Umfassende Darstellung einer Problematik bzw. umfassend begründete Stellungnahme zu einem bestimmten Sachverhalt.
Diskutieren Sie ... Wägen Sie ab ... Erörtern Sie ... Setzen Sie sich mit ... auseinander ...	Eingehende, differenzierte Auseinandersetzung mit einer Problematik auf der Basis von umfangreichem, detailliertem Lernwissen. Dabei muss eine Beurteilung anhand wesentlicher Kriterien vorgenommen werden. Übersichtlicher Aufbau, logische Argumentation, begriffliche Klarheit, klares, abwägendes Urteil und Einbeziehung von Gegenpositionen werden verlangt.

Grundsätzlich gilt für jeden Arbeitsauftrag:
WAS ist verlangt? (Lerninhalte, Wissen, Fakten)
WIE ist es verlangt? (Methode, sprachliche Form, Detailliertheit, Lösungsumfang)
WELCHE zusätzlichen Anforderungen (Schwerpunktsetzung, Berücksichtigung bestimmter Betrachtungsweisen etc.) sind zu berücksichtigen?

Musterklausur

Diese Musterklausur dient der möglichst breiten Überprüfung und Selbstkontrolle von Wissen und Fähigkeiten. Sie geht deshalb vom Umfang her (Anzahl der Fragen, Verknüpfung verschiedener Kapitel) über normale Anforderungen hinaus.

1. Kennzeichnen Sie anhand des Auszuges aus dem Kissinger Diktat Bismarcks außenpolitische Konzeption seit 1871.
2. Stellen Sie die Karikatur „Bismarck als Weichensteller" in ihren geschichtlichen Zusammenhang und interpretieren Sie die Darstellung Bismarcks.
3. Vergleichen Sie unter Verwendung der Texte und des Schemabildes Konzeption und Realität Bismarck'scher Außenpolitik.
4. Erörtern Sie ausgehend von den Überlegungen Zechlins, welche Alternativen Bismarcks außenpolitische Nachfolger hatten. Beziehen Sie dabei die innen- und wirtschaftspolitischen Veränderungen im Reich mit ein.
5. Diskutieren Sie die außenpolitische Sicherheitskonzeption des eisernen Kanzlers unter Gegenüberstellung anderer Konzepte der außenpolitischen Friedenssicherung.

Bismarck als Weichensteller:

(„The Punch" vom 4.5.1878 – der Berliner Kongress beginnt am 13. Juni 1878 und endet am 13. Juli)

Aus dem so genannten „Kissinger Diktat":
Als es Mitte der siebziger Jahre zu einer Orientkrise kam und Russland am 24. April 1877 der Türkei den Krieg erklärte, nahm Bismarck dies zum Anlass, in seinem „Kissinger Diktat" vom 15. Juni 1877, benannt nach Bad Kissingen, wo der Kanzler sich gerade zur Kur befand, die Position Deutschlands unter den europäischen Mächten zu analysieren und seine Vorstellungen über wünschenswerte Entwicklungen zu skizzieren:

Ein französisches Blatt sagte neulich von mir, ich hätte „le cauchemar des coalitions". Diese Art Alp wird für einen deutschen Minister noch lange, und vielleicht immer, ein berechtigter bleiben. Koalitionen gegen uns können auf westmächtlicher Basis mit Zutritt Österreichs sich bilden, gefährlicher vielleicht noch auf russisch-österreichisch-französischer; eine große Intimität zwischen zweien der drei letztgenannten Mächte würde der dritten unter ihnen jederzeit das Mittel zu einem sehr empfindlichen Drucke auf uns bieten. In der Sorge vor diesen Eventualitäten, nicht sofort, aber im Laufe der Jahre, würde ich als wünschenswerte Ergebnisse der orientalischen Krisis für uns ansehen:
1. Gravitierung der russischen und der österreichischen Interessen und gegenseitigen Rivalitäten nach Osten hin,
2. der Anlass für Russland, eine starke Defensivstellung im Orient und an seinen Küsten zu nehmen und unseres Bündnisses zu bedürfen,
3. für England und Russland ein befriedigender Status quo, der ihnen dasselbe Interesse an Erhaltung des Bestehenden gibt, welches wir haben,
4. die Loslösung Englands von dem uns feindlich bleibenden Frankreich wegen Ägyptens und des Mittelmeers,
5. Beziehungen zwischen Russland und Österreich, welche es beiden schwierig machen, die antideutsche Konspiration gegen uns gemeinsam herzustellen, zu welcher zentralistische oder klerikale Elemente in Österreich etwa geneigt sein möchten.
Wenn ich arbeitsfähig wäre, könnte ich das Bild vervollständigen und feiner ausarbeiten, welches mir vorschwebt: nicht das irgend eines Ländererwerbes, sondern das einer politischen Gesamtsituation, in welcher alle Mächte außer Frankreich unser bedürfen und von Koalitionen gegen uns durch ihre Beziehungen zueinander nach Möglichkeit abgehalten werden. [1]

Das Bündnissystem Bismarcks in Europa

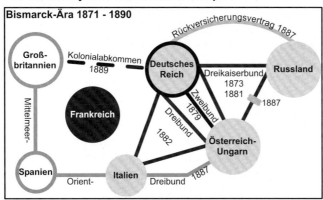

Der Historiker Egmont Zechlin schreibt 1981:
Angesichts der Außenpolitik Bismarcks am Ende der achtziger Jahre drängt sich der Eindruck auf, dass hier mit letztem Einsatz und Erfindungsreichtum ein gewagtes Spiel mit verschiedenen Kombinationen und Möglichkeiten betrieben wurde. In der neueren Forschung (Andreas Hillgruber) ist denn auch geschlossen worden, dass das seit 1875 durchgehaltene Balancesystem
5 sich langfristig nicht mehr hätte fortführen lassen, nachdem sich ja die Spannungen nicht mehr an die Peripherie Europas ablenken ließen, vielmehr von dort auf die Mitte zurückzuschlagen drohten. Damit sei Bismarck in ein Dilemma geraten, d. h. entweder mit Anlehnung an die englische Seemacht Russland zu brüskieren, noch dazu durch die vorgeschlagene Zustimmung der Parlamente in aller Öffentlichkeit, oder aber – eine als Mentalreservation zu deutende ultima
10 ratio – wie er es rückschauend 1895 dem Botschafter Graf Hatzfeld erklärte, „schlimmstenfalls die russische Neutralität im letzten Augenblick zu erkaufen, indem er Österreich fallen ließ und den Russen damit den Orient überlieferte." Das wiederum hätte mit großer Wahrscheinlichkeit ein allmähliches Abgleiten des Deutschen Reiches in die Abhängigkeit eines Südosteuropa beherrschenden Russlands gebracht. [2]

Lösung

1. Bismarck spricht von „le cauchemar des coalitions", dem Alptraum der Bündnisse, gemeint sind Bündnisse gegen das neue Deutsche Kaiserreich in Europa. Bismarck sieht die Möglichkeit, dass sich die westeuropäischen Mächte verbünden könnten, wobei er Österreich misstraut und dessen Beitritt zu einem solchen Bund nicht ausschließt. Als gefährlichsten Bündnisfall sieht er die Einkreisung: „gefährlicher vielleicht noch auf russisch-österreichisch-französischer (Basis)" (Zeile 4f). Selbst wenn zwei dieser „Einkreisungsmächte" zu „intim" würden, könnte aufgrund dessen die dritte Macht auf Deutschland Druck ausüben.
Bismarck wünscht sich deshalb fünf Ergebnisse der Orientkrise:1877, als Russland Bulgarien besetzte und drohte, der Türkei den Bosporus zu entreißen, um damit die Meerengenfrage zu seinen Gunsten zu entscheiden: Einmal, dass Österreich und Russland ihre Interessen und Konkurrenz möglichst weit in den Osten verlagern; zum zweiten daraus folgend, dass Russland, in Verteidigungshaltung gedrängt, die Unterstützung Preußen-Deutschlands sucht und damit aus einer Koalition gegen Deutschland ausscheidet; zum dritten solche politischen Verhältnisse, dass ein deutsches, britisches und russisches, konfliktreduzierendes Interesse an der Erhaltung dieser Zustände (status quo) entsteht; als viertes Ergebnis, dass England und Frankreich im imperialen Konflikt um das Mittelmeer und Nordafrika getrennt bleiben; fünftens, dass ein Konsens zwischen Russland und Österreich beiden Mächten eine Konspiration gegen das Deutsche Reich unmöglich macht (Zeilen 9–19).
Das Ziel seiner Politik sieht Bismarck in der Isolierung Frankreichs und in der Notwendigkeit, alle anderen Mächte durch

Beziehungen untereinander und zum Reich von Bündnissen gegen das Reich abzuhalten (Zeilen 20–23).
Deutlich sichtbar im Text ist das Hauptprinzip Bismarck'scher Politik, die Realpolitik. Nirgends in seinem Gedankengang ist ein übergeordnetes Prinzip ideologischer oder grundsätzlicher Art zu entdecken. Seine Konzeption beruht auf einer wertungsfreien Sicht auf die Mächtekonstellation Europas. Ganz klar zu erkennen ist auch die Einhaltung des Versprechens von 1871 an die anderen Mächte, dass Deutschland „saturiert" sei, wenn er formuliert, es gehe nicht um „irgendeinen Ländererwerb" (Z. 21).

2. Die Karikatur zeigt zwei aus dem Hintergrund mit Volldampf nebeneinander heranfahrende Lokomotiven, deren paralleler Kurs auf einer Weiche im Vordergrund zum Zusammenstoß führen kann. Die eine Lokomotive trägt vorn auf dem Kessel den russischen Doppeladler, die andere Lokomotive das britische Kreuz. Neben der Weiche steht Bismarck in Uniform als Weichensteller, erkennbar am markanten Schnauzbart, der kleinen Nase und den ausgeprägten Tränensäcken unter den Augen. Bismarck steht in äußerst lässiger Haltung, die qualmende Zigarette in der Linken, während die Rechte mit den Fingerspitzen den Stellhebel für ein Signal und die Weiche betätigt hat. Deutlich ist erkennbar, dass das vor der Weiche auf Halt gestellte Signal mit der Aufschrift „Danger", Gefahr, die russische Lokomotive auf ihrer Spur stoppen soll, während die englische Lokomotive, dies zeigt auch die Stellung der Weiche, Vorfahrt erhält. Die dunklen Umrisse von zwei Vögeln (Krähen oder Geier) auf dem geschlossenen Signal lassen Böses erahnen.
Die Karikatur ist vor Beginn des Berliner Kongresses erschienen. Der Zeichner stellt in den beiden Lokomotiven England und Russland dar, die nach der Balkankrise 1878 Gefahr laufen, im traditionellen Konflikt um die Meerengen aufeinander zu prallen. Offensichtlich mutmaßt der Zeichner bereits einen Monat vor Beginn des Kongresses, dass Bismarck England den Vorzug gibt, oder aber er stellt diese Konstellation als die einzig richtige hin. Dass dies für Bismarck mit bösen Folgen verknüpft sein könnte, ja dass gar nicht sicher ist, ob die russische Lokomotive stoppt, also Russland den Konflikt scheut, symbolisieren die schwarzen Unglücksvögel auf dem Signal. Bismarck ist noch nicht der „ehrliche Makler", vielmehr der arrogante, leichtfertige, mit der Macht spielende Politiker, der voll Hochmut den Ernst der Situation nicht versteht, obwohl er es in der Hand hat, eine Katastrophe zu vermeiden. Es scheint nicht ausgeschlossen, dass der Kanzler nicht doch noch mit leichter Hand die Situation zu Gunsten Russlands verändert.

Die Karikatur zeigt die Skepsis und das Misstrauen, das breite Schichten der britischen Öffentlichkeit der neuen mitteleuropäischen Großmacht und ihrem Kanzler nach der Einigung Deutschlands entgegenbringen.

3. Das Konzept der Bismarck'schen Außenpolitik beruhte darauf, Frankreich politisch zu isolieren, die anderen Mächte in Bündnissen und Verträgen an das Deutsche Reich zu binden und begrenzte Konflikte zwischen den anderen Mächten, soweit sie außerhalb Europas lagen, zu fördern und zum eigenen Vorteil zu nutzen, indem sich das nicht in diese Konflikte verwickelte Reich als Verbündeter und Vermittler anbot.
Diese Konzeption setzte aber bei den Mächten ausreichenden Konfliktstoff außerhalb Europas und geringe Kompromissbereitschaft der europäischen Mächte voraus. Vom Deutschen Reich als Vermittler verlangte das Konzept im Idealfall, dass es sich außer mit Frankreich überhaupt keine nennenswerten Konflikte mit Europas Mächten leisten durfte und sich stets saturiert zeigen musste.
Dies galt vor allem für Russland, das, wegen der Gefahr des Zweifrontenkriegs im Konfliktfall, unbedingt von Frankreich ferngehalten werden musste. Aber gerade Russland konnte mit dem Bismarckreich am ehesten in Konflikt geraten. Denn das Zarenreich war durch seine imperialistischen Versuche, im Balkan Fuß zu fassen und dadurch die Meerengenfrage für sich zu lösen, ebenso wie durch seine panslawistischen Bestrebungen, die den inneren Zusammenhalt der K. und K.-Monarchie untergruben, zum Gegner Österreichs geworden. Und Österreich stand seinerseits aus historischen und kulturellen Gründen als „Brudervolk" dem deutschen Nationalismus besonders nahe. So entstand mit dem von Bismarck so bezeichneten „Pulverfass Balkan" ein Konfliktherd mitten in Europa, dem das Deutsche Kaiserreich kaum unbefangen oder neutral gegenüberstehen konnte.
Der Kanzler selbst konnte sein anspruchsvolles Konzept nur mit Mühe durchhalten. Mit seiner Agrarzollpolitik zugunsten der eigenen Großgrundbesitzerklasse düpierte er Russlands adelige Konkurrenz und im Berliner Kongress demütigte er den russischen Nationalstolz. Mit seiner sozialimperialistischen Kolonialpolitik, die erfolgreich der Innenpolitik diente, schuf er außenpolitisch ein neues Reibungsfeld, das Konflikte mit England erst möglich machte, und zeigte zugleich, dass das Reich keineswegs saturiert war. Solches Handeln gegen die eigenen Prämissen war für den Realpolitiker Bismarck kein besonderes Problem, solange der entstandene Schaden durch ihn kurzfristig behebbar war. Aber gegen Ende seiner Regierungszeit, dies macht der Text von Egmont Zechlin deutlich,

sah Bismarck eben nur noch als letzten Ausweg, Österreichs Interessen zu opfern. Aber ob das innenpolitisch gegen einen extrem erstarkten deutschen Nationalismus und den neu entstehenden Pangermanismus überhaupt durchsetzbar gewesen wäre, bleibt zu bezweifeln. Zechlin spekuliert sogar, das Reich hätte Gefahr laufen können, in die Abhängigkeit Russlands zu geraten.

4. Die vorgenannten Tatsachen werfen die Frage auf, ob Bismarcks Nachfolger überhaupt die Möglichkeit hatten, seine Politik fortzuführen. Zechlins Text zeigt die verfahrene Lage, in die Bismarck geraten war, nämlich sich entweder an England oder an Russland anzulehnen und dabei entweder Russland endgültig zu brüskieren oder aber Wien zu verraten (Zechlin, Zeile 7–10). Hätte der alte Kanzler durch seinen persönlichen Vertrauenskredit und das Ansehen, das er in Europa genoss, die Lage vielleicht noch einige Zeit stabilisieren können, hatten seine Nachfolger, denen er sein „Dilemma" hinterließ, in der Sicht Zechlins kaum Möglichkeiten, diese Politik weiterzuführen. Die Weltmacht- und Flottenambitionen des neuen Deutschen Kaisers zerstörten kurz darauf endgültig die Rolle des Reiches als freier, saturierter Mittler unter den europäischen Mächten und damit die Grundlagen des Bismarck'schen Konzeptes. Das Reich selbst begann Konflikte in die Mitte Europas zu ziehen.

5. Bismarcks Konzept beruhte auf dem Ausbalancieren kalkulierter internationaler Konflikte. Das setzte aber ein stetiges Vorhandensein von Konflikten voraus, ja im Fall einer drohenden Konfliktlösung musste entweder der alte Dissens neu entfacht oder ein neuer Streitfall geschaffen werden. Ob ein solches Konzept langfristig stabile Verhältnisse schaffen kann, erscheint vielen Kritikern der Bismarck'schen Konzeption unwahrscheinlich.
Auch das Konzept des Gleichgewichtes der Mächte, wie es die englische Außenpolitik lange favorisierte, war kein echtes Friedenskonzept, sondern bedingte im Falle des Kippens des Gleichgewichtes repressives oder militärisches Eingreifen. Im extremsten Falle führte das Konzept der Friedenserhaltung durch militärisches Gleichgewichtsdenken zum Wettrüsten, das wie im Falle des Ersten Weltkrieges eskalierend wirkte, oder es führte zum existenzbedrohlichen Gleichgewicht des Schreckens des Kalten Krieges in der zweiten Hälfte des 20. Jahrhunderts.
Überzeugender scheinen Konzepte, die auf Konsens statt auf Konflikt setzen, wie das Friedenskonzept des Wiener Kongresses 1815, das in Europa immerhin 40 Jahre Frieden garantieren konnte.

Zitat- und Literaturnachweis

Kap. 1
1. Zit. nach Bouhler, Philippe: Napoleon, München 1942, S. 141
2. Zit. nach Chandler, David: Napoleon, München 1974, S. 119
3. Holborn, Hajo: Deutsche Geschichte der Neuzeit II, Frankfurt 1981, S. 134 (des Weiteren zitiert als Holborn)
4. Holborn, S. 163

Kap. 2
1. Zit. nach Muth, Heinrich: Die Grundrechte in der deutschen Verfassungsentwicklung, Stuttgart 1973, Nr. 25
2. Zit. nach Informationen zur politischen Bildung, Nr. 163, Bonn, S. 7 (des Weiteren. zitiert als Info 163)
3. Zechlin, Egmont: Die Deutsche Einheitsbewegung, Frankfurt, Berlin, Wien 1967, S. 56 (des Weiteren zitiert als Zechlin 1)
4. Schmid, Heinz Dieter (Hrsg.): Fragen an die Geschichte, Berlin 1997, S. 186 (des Weiteren zitiert als Schmid)
5. Holborn, S. 252

Kap. 3
1. Schieder, Theodor: Vom deutschen Bund zum Deutschen Reich in Gebhard: Handbuch der Deutschen Geschichte Bd. 15, München 1975, S. 84
2. Info 163, S. 17
3. Zechlin 1, S. 174
4. Holborn, S. 332
5. Aus: Rudolf Stadelmann: Soziale und politische Geschichte der Revolution 1848. Wissenschaftliche Buchgesellschaft, Darmstadt 1962

Kap. 4
1. Hürten, Heinz: Restauration und Revolution im 19. Jahrhundert, Studienbuch Geschichte Darstellung und Quellen Bd. 8, Stuttgart 1981, S. 113
2. Zechlin 1, S. 83
3. Gekürzt nach Schmid, S. 212, T. 34
4. Nach Schmid, 220 B 37

Kap. 5
1. Zechlin, Egmont: Die Reichsgründung, Frankfurt, Berlin, Wien 1967, S. 34 (des Weiteren zitiert als Zechlin 2)
2. Ebenda, S. 83
3. Ebenda, S. 86
4. Ebenda, S. 88
5. Ebenda, S. 89
6. Holborn, S. 396
7. Ebenda, S. 447
8. Schmid, S. 248
9. Zechlin 2, S. 164
10. Holborn, S. 464
11. Treue, Wolfgang: Die deutschen Parteien, Frankfurt, Berlin, Wien 1975, S. 49
12. Ebenda, S. 47
13. Görtemaker, Manfred: Deutschland im 19. Jahrhundert Entwicklungslinien, Bonn 1986, S. 218, (des Weiteren zitiert als Görtemaker)
14. Schmid, S. 267
15. Zechlin 2, S. 196
16. Ebenda, S. 186
17. Ebenda, S. 178
18. Ebenda, S. 176
19. Ebenda, S. 183
20. Ebenda, S. 184
21. Ebenda, S. 184

Kap. 6
1. Zechlin 2, S. 182
2. Görtemaker, S. 277

Musterklausur
1. Aus: Die Auswärtige Politik des Deutschen Reiches 1871–1914. Einzige vom Auswärtigen Amt autorisierte gekürzte Ausgabe der amtlichen Großen Aktenpublikation der Deutschen Reichsregierung, unter Leitung von Albrecht Mendelssohn Bartholdy und Friedrich Thimm, hrsg. vom Institut für Auswärtige Politik, Hamburg/Berlin 1928, Bd. 1, S. 58 ff.
2. Aus: Zechlin 2, S. 185

Abbildungsnachweis

S. 5 oben links: AKG, Berlin – S. 5 oben rechts und unten links: Westfälisches Landesmuseum für Kunst und Kulturgeschichte, Münster – S. 8: AKG, Berlin/akg-images – S. 9: AKG, Berlin – S. 10, 17, 21, 48, 54, 57, 64, 69, 95, 103, 107, 126, 128, 129, 141 : Grafiken Georg Bemmerlein, Simmern – S. 23 oben: AKG, Berlin/akg-images – S. 23 unten: AKG, Berlin – S. 24: Museum für Kunst und Gewerbe, Hamburg. Foto: Westfälisches Landesmuseum für Kunst und Kulturgeschichte, Münster – S. 28 oben: Westfälisches Landesmuseum für Kunst und Kulturgeschichte, Münster – S. 28 unten: ullstein-bild, Berlin/Archiv Gerstenberg – S. 30 oben und unten, 31: AKG-Berlin – S. 35: Kladderadatsch 1848. © Scherz Verlag, München 1965 – S. 55: Altonaer Museum, Hamburg. Foto: Westfälisches Landesmuseum für Kunst und Kulturgeschichte, Münster – S. 59 oben und Mitte: Historisches Archiv Krupp, Essen – S. 59 unten: BPK, Berlin – S. 66, 71, 72, 74, 76, 109, 130: Grafiken aus: Friedrich-Wilhelm Henning: Die Industrialisierung in Deutschland 1800–1914. Verlag Schöningh, Paderborn. 9., unveränderte Auflage 1995, UTB 145 – S. 73, 101: Erich Schmidt Verlag, Berlin – S. 83 unten, 84: AKG, Berlin – S. 98: BPK, Berlin – S. 105, 108: Westfälisches Landesmuseum für Kunst und Kulturgeschichte, Münster – S. 111: AKG, Berlin – S. 113, 141: Punch, London – S. 119 oben: ullstein-bild, Berlin – S. 119 unten links: AKG, Berlin/Erich Lessing – S. 119 unten rechts: AKG, Berlin

Der Verlag hat sich nach bestem Wissen und Gewissen bemüht, alle Inhaber von Urheberrechten an Texten und Abbildungen zu diesem Werk ausfindig zu machen. Sollte das in irgendeinem Fall nicht korrekt geschehen sein, bitten wir um Entschuldigung und bieten an, gegebenenfalls in einer nachfolgenden Auflage einen korrigierten Quellennachweis zu bringen.

Glossar (erklärt alle im Text mit einem * versehene Begriffe)

Absolutismus
Monarchische Herrschaftsform, in der der Monarch absoluter „Diktator" mit uneingeschränkter Machtbefugnis ist. Der Absolutismus findet seine für Europa vorbildhafte Ausprägung in der Herrschaft der französischen Könige im 17. und 18. Jh. (Ludwig XIV. – Ludwig XVI.)
Typische Kennzeichen sind:
- politische Entmachtung des Adels durch materielle Privilegierung;
- zentraler Beamtenstaat;
- Steuer- und Abgabenbefreiung für Adel und Geistlichkeit;
- merkantilistische Staatswirtschaft;
- „Steuerstaat", d.h. die sehr hohen Ausgaben im repräsentativen und militärischen Bereich werden von der hohen Steuerlast der Bauern und Bürger bezahlt.
- Später wurde der Absolutismus durch die Aufklärung modifiziert, so dass der Absolutheitsanspruch des Königs durch die Forderung nach Unterordnung des Monarchen unter Gesetz und Vernunft eingeschränkt wurde (aufgeklärter Absolutismus).

Allianz
Völkerrechtlich ein Bündnis zwischen Staaten.

Anachronismus
Griechisch „gegen die Zeit", nicht mehr zeitgemäß, rückständig.

Annexion
Einfügung eines fremden Staatsgebietes oder Einverleibung eines fremden Staates in das eigene Staatsgebiet. Voraussetzung ist die militärische Besetzung des fremden Staatsgebietes oder die vertragliche Abtretung.

Approbation
Staatliche Genehmigung zur Berufsausübung bei bestimmten Berufen (v. a. Heilberufe).

Arrondierung
Abrundung, Erweiterung eines Territoriums

Aufklärung
Philosophisch-emanzipatorische Geistesbewegung, beginnend im 16. Jahrhundert. Aus dem Wissen und Denken der Antike entwickelt die Aufklärung Kunst, Philosophie und Naturwissenschaften im Geiste des Rationalismus bis zum Ende des 18. Jahrhunderts. In der Aufklärung wurzeln die Grundlagen der heutigen europäischen Kultur. Sie liefert die geistigen Grundlagen für die Deklaration von Menschenrechten, Selbstbestimmung, Toleranz, Freiheitsdenken und Demokratie. Zugleich ist ihre mathematisch-naturwissenschaftliche Rationalität Ursache der Industrialisierung und des wirtschaftlichen Fortschritts.

Auftriebsspirale
Wirtschaftliche Bezeichnung für das sich stetig gegenseitig verstärkende Zusammenspiel der Kräfte, die einen fortschreitenden wirtschaftlichen Aufschwung verursachen.

Balance Of Power
Traditionelles englisches außenpolitisches Ziel seit Ende des 17. Jahrhunderts, das Gleichgewicht der Kräfte unter den europäischen Mächten zu erhalten und die Hegemonie einer Macht auf dem Kontinent zu verhindern.

Balkan, Balkanpolitik, Balkanfrage
Der Balkan war seit dem Krimkrieg 1856 aus folgenden Gründen ein Krisenherd der internationalen Politik:
- Dem Niedergang der Großmacht Türkei („der kranke Mann am Bosporus");
- dem russisch-österreichischen Konflikt, bedingt durch das Expansionsstreben beider Mächte auf dem Balkan;
- der russisch-englischen Rivalität, die auf die Streitfrage um die Meerengendurchfahrt für Kriegsschiffe vom Schwarzen Meer ins Mittelmeer zurückging (Meerengenfrage).
- dem imperialistischen Panslawismus Russlands auf dem Balkan seit Anfang der siebziger Jahre des 18. Jahrhunderts.

Im Berliner Kongress 1878, der die Ergebnisse des russischen Überfalls auf die Türkei 1877/78 (Friede von San Stefano) korrigierte, hoffte Bismarck die brisante Lage des „Pulverfasses Balkan" zu entschärfen. Russland erhielt Bessarabien. Rumänien, Serbien, Montenegro und Bulgarien wurden unabhängige Staaten.

Da jedoch weder Österreich noch Russland ihre expansiven Bestrebungen aufgaben, blieb der Konflikt (durchaus im Sinne Bismarcks) erhalten.

Die deutsche „Zickzackpolitik" konnte die Lage nicht mehr unter Kontrolle halten, weil das Deutsche Reich an den Zweibund mit Österreich gekettet war und sich nach der Kündigung des Rückversicherungsvertrags 1890 im Konflikt mit Russland befand. Dadurch wurde der Balkankonflikt einer der Auslöser des Ersten Weltkrieges.

Barrikade
Provisorische befestigte Absperrung von Straßen oder Plätzen mit Hilfe von schnell verfügbaren, beweglichen Materialien.

Budgetrecht
Recht des Parlaments, den Staatshaushalt zu genehmigen. Im 19. Jahrhundert oft das einzige wesentliche Recht der Parlamente.

Cäsarismus
Einzelherrschaft einer charismatischen Herrscherpersönlichkeit (Diktator) ohne monarchische Legitimation.

Chauvinismus
Nach einer Figur aus einem frz. Lustspiel, Chauvin, benannter fanatischer und überzogener Nationalismus, verbunden mit militaristischem, rassistischem und imperialistischem Gedankengut, Völkerhass und Völkerhetze.

Demobilisierung
Rückführung der kampfbereiten Truppen aus den Aufmarschgebieten in die Kasernen.

Departements
Französische Verwaltungsdistrikte.

Dynastie
Geschlechterfolge einer Herrscherfamilie.

Eliminierung
Auslöschung.

Empire
Englische Bezeichnung für das imperiale und koloniale britische Weltreich.

Establishment
Bezeichnung für einflussreiche, fest in der Gesellschaft verankerte Gruppen.

Etikette
Gesellschaftlich formale Verhaltensregeln.

Executive, Exekutive
Ausführende Staatsgewalt, Regierungsgewalt.

Expansion
Erweiterung von Staatsgebiet, Interessensgebiet, Wirtschafts-, Machtmöglichkeiten.

Feudalismus
Adelsgesellschaft auf der Grundlage mittelalterlicher Lehentradition (von födus = Lehen).

Fiskus
Steuerbehörde, Steuereinnahmestelle.

Föderalismus
Bundesstaatliche Bewegung in Deutschland, im Gegensatz zu den Partikularisten, die einen deutschen Staatenbund begünstigten.

Fraktion
Organisierte Gruppe von Abgeordneten gleicher politischer Anschauungen, Interessen oder Parteizugehörigkeit in einem Parlament

Frühsozialismus
Der Frühsozialismus wurzelte in den Gleichheitsforderungen der Französischen Revolution und in der Entstehung des Arbeiterelends durch das englisch-französische Manchestertum. Wichtige Vertreter waren die Franzosen Saint-Simon, Fourier und Proudhon, sowie der

Engländer Owen. Der Frühsozialismus, auch „utopischer Sozialismus" genannt, unterschied sich vom „realen" Sozialismus der späteren Marxisten dadurch, dass er an landwirtschaftliche und handwerkliche Traditionen früherer Zeiten anzuknüpfen versuchte und das schnelle Vorwärtsschreiten der kapitalistischen Industrieproduktion nicht als unumkehrbaren Prozess betrachtete. Außerdem hielten die meisten Frühsozialisten eine gewaltsame Veränderung der Gesellschaft nicht für nötig. Vielmehr glaubten die meisten an die Möglichkeit des Ausgleichs zwischen der bürgerlichen und der Arbeiterklasse. Das Ziel des sozialen Ausgleichs zwischen Arm und Reich sollte bei den Frühsozialisten durch genossenschaftliche Formen der Produktion, des Zusammenlebens in speziellen gemeinschaftlichen Siedlungen oder zumindest durch gemeinsamen Warenvertrieb erfolgen. Alle Realisationsversuche scheiterten entweder an den politischen Verhältnissen (Proudhon) oder an der utopischen Konzeption der Sozialmodelle (z. B. Owen). Dennoch wurde die sozialistische Bewegung späterer Zeit (Marx, Lassalle) ebenso wie die christliche Arbeiterbewegung und die Gewerkschaftsbewegung von ihnen stark beeinflusst.

Gemengelage
Begriff aus der mittelalterlichen Dreifelder-Landwirtschaft, der die gemeinsame freie Nutzung bestimmter Flächen durch mehrere/alle Bauern bezeichnet, also das Nebeneinander von verschiedenen Nutzungsarten innerhalb eines Gebiets.

Generalstab
Planungsgruppe einer militärischen Einheit, die Planung wird vom militärischen Kommando ausgeführt.

Glorious Revolution
1688 vertreibt das englische Parlament König Jakob II. und ersetzt ihn durch Wilhelm von Oranien. Dafür lässt es sich in den declarations of rights 1689 erhebliche Befugnisse zusichern. Dies ist der eigentliche Beginn des Parlamentarismus in Europa.

Grundrechte/Menschenrechte
Von der aufklärerischen Philosophie formulierter Katalog von elementaren Freiheits- und Unverletzlichkeitsrechten, die jedem Menschen von Natur aus zustehen und unveräußerlich sind.

Hegemonie
Militärische und oft auch wirtschaftliche Vorherrschaft eines Staates über andere Staaten innerhalb eines bestimmten Territoriums.

Heilige Allianz
Absichtserklärung der Herrscher Russlands, Preußens und Österreichs 1815, der später alle christlichen Staaten Europas außer Großbritannien und dem Vatikan beitraten. Initiator dieser Erklärung war Zar Alexander I. von Russland, der die Allianz einmal als Mittel zur Herrschaftssicherung durch religiöse Erneuerung und zum anderen als Unterstützung der russischen Hegemonialpläne sah. Die wichtigsten Inhalte waren:
– die christliche Religion wird als Grundlage der Politik der Staaten (Bündnis von Thron und Altar) betrachtet;
– das Gottesgnadentum der Herrscher bedingt in Europa die Prinzipien der Legitimität der Herrschaften, der Solidarität der Monarchen zur Erhaltung ihrer Macht und des friedlichen Gleichgewichts unter den Staaten.

Die Allianz wurde zum Symbol der Restauration, da sie von der europäischen Opposition ausschließlich als Bündnis zur Verteidigung der konservativen Herrschaftssysteme betrachtet wurde.
England, misstrauisch gegenüber russischen Hegemonieplänen, schloss mit Russland, Preußen und Österreich einen Vertrag, der sich vorrangig um die Erhaltung des europäischen Gleichgewichts bemühte (Quadrupelallianz).

Heiliges Römisches Reich Deutscher Nation
Es bestand seit 962 (Otto der Große) bis 1806. Tatsächlich war das Reich nach dem Dreißigjährigen Krieg in zahllose Einzelstaaten zer-

fallen, die nur noch durch die alte Reichsidee zusammengehörig waren und in der der Kaiser nur noch repräsentative Funktion hatte. Der mittelalterliche Personenverband war im Zeitalter der modernen Territorialstaaten zum Anachronismus geworden.

Hofkamarilla
Günstlinge am Königshof, die auf die Politik des Herrschers ohne Mandat, Legitimation oder Verantwortung Einfluss ausüben (spanisch camarilla = Privatkabinett des Königs).

Humanistische Bildung
Bildungsideal, das sich an Kunst und Kultur der griechisch-römischen Antike ausrichtet.

Hypothek
Im historischen Sinne mit der Bedeutung „Belastung" gebraucht.

Ideologie
Allgemein Ideenlehre, Gedankensystem und Gesamtheit der Vorstellungen zu einem bestimmtem Aspekt, politisch eine Weltanschauung mit unbedingtem Wahrheitsanspruch.

Indemnität(svorlage)
Indemnität bezeichnet eigentlich die Rechtsimmunität eines Parlamentariers, bezeichnet aber auch die nachträgliche Legitimierung nicht rechtskonformer Handlungsweisen der Regierung durch das Parlament (Amnestie).

Internationalismus
Sozialistisches Gegenkonzept zum bürgerlichen Nationalismus, der unter anderem auch als bürgerliche Methode zur Spaltung des ausgebeuteten Proletariats betrachtet wurde. Dem entgegengesetzt sollte sich das europäische Proletariat gemeinsam zur Wehr setzen.

Junker
Landadeliger, adeliger Großgrundbesitzer.

Kadavergehorsam
Der Begriff ist aus einer Passage des früheren Eides der Jesuiten abgeleitet („keinen eigenen Willen haben [...], selbst als Leiche oder Kadaver ...") Er bezeichnet blinden, gedanken- und willenlosen Gehorsam bis zum Tod.

Klasse
Politische Klasse: Bezeichnung für große soziale Gruppen, die sich als Rechts-, Schicksals- oder Interessensgemeinschaft zusammengehörig fühlen und betrachtet werden und die politisch als Gruppe auftreten und behandelt werden. Im Marxismus ist der Klassenbegriff fest umrissen in der Dialektik von herrschenden und unterdrückten Klassen.

Koalition
Politischer Zusammenschluss von Staaten oder Parteien bzw. anderen gesellschaftlichen Institutionen zur Verfolgung gemeinsamer Ziele (Zweckbündnis).

Konfiskation
Beschlagnahmung durch den Staat.

Konservative
Im 19. Jahrhundert die adelig-großbürgerlichen Monarchisten und von ihnen abhängige Gruppen, z. B. Beamte.

Konstituierung
Einrichten einer gesellschaftlichen oder politischen Institution, nicht zu verwechseln mit Konstitution = Verfassung

Konstitutionalismus
Liberale Verfassungsbewegung französischen Ursprungs, die als Schutz vor staatlicher Willkür (des Absolutismus) für den Bürger eine schriftliche Festlegung seiner Rechte und Pflichten und des Aufbaus der staatlichen Ordnung in Form eines Grundgesetzes (Verfassung) verlangte, unter das alle Staatsangehörigen, auch der Souverän, gestellt sind.

Kontinentalsperre
Jeglicher Handel der von Napoleon unterworfenen europäischen Staaten mit England wurde unterbunden. Die Kontinentalsperre sollte als Antwort auf die britische Blockade der

französischen Seehäfen England wirtschaftlich in die Knie zwingen. Die britische Wirtschaft wurde zwar geschädigt, doch langfristig brachte die Blockade keinen Erfolg, denn die Kontinentalsperre wurde durch Schmuggel unterlaufen. Russland beteiligte sich trotz Vertrages mit Napoleon nur zögernd und der Zusammenbruch des kontinentalen Agrarexports nach England führte in Kontinentaleuropa zu Absatzschwierigkeiten. England konnte unterdessen, frei von Konkurrenz, seinen Überseehandel in die Kolonien ausbauen. Die außerordentlich hohen Strafen gegen Schmuggler machten die Franzosen vor allem an der Nordseeküste sehr unbeliebt.

Konzession
Genehmigung, Erlaubnis, Nutzungsrecht.

Krimkrieg
Krieg zwischen Russland auf der einen und Großbritannien, Frankreich und der Türkei auf der anderen Seite. Ursache war der Angriff Russlands auf die allmählich zerfallende Türkei. Russland erlitt eine schwere Niederlage und musste in der Frage der Durchfahrt durch den Bosporus ins Mittelmeer nachgeben (Entmilitarisierung der Meerengen).

Kurfürstentümer
Herrschaften mit Recht auf Kaiserwahl.

Landflucht
Wanderungsbewegung vom Land in die Städte, heute typisch für Länder der Dritten Welt.

Landständische Verfassungen
Im Wiener Kongress geprägter Begriff für die Verfassungen, welche die deutschen Regime ihren Untertanen zugestehen wollten. Der Streit, ob es sich bei den einzurichtenden Volksvertretungen um Ständekammern herkömmlicher Art handeln sollte (jeder Stand eine Stimme) oder um repräsentative Parlamente, wurde dadurch beigelegt, dass der künstliche Begriff „landständisch" verwendet wurde, der im Grunde alles offen ließ.

Landwehr
„Zweite Linie" des preußischen Militärs (wehrpflichtige Reservisten).

Lassalle(aner)
Anhänger der Theorie des ehernen Lohngesetzes von Lassalle; gingen in der SPD anteilsmäßig zugunsten der Marxisten ständig zurück.

Lehensabhängigkeit
Abhängigkeit des Lehensuntertanen vom Lehensherren, nach mittelalterlicher Vorstellung von Gott in der christlichen Weltordnung (Ordo) gewollt, ursprünglich als gegenseitige Leistungsverpflichtung gedacht, war daraus im Absolutismus ein einseitiges Untertanenverhältnis geworden.

Leibeigenschaft
Lehensabhängigkeit mit Schollenbindung, privater Unfreiheit und Unterstellung unter die Rechtsprechung des Leibherren (Abgesehen davon, dass der Leibeigene persönlich keinen Warencharakter besaß und seine zu erbringenden Leistungen genau festgelegt waren, war seine Stellung der eines Sklaven nicht unähnlich.)

Magistrat
Stadtverwaltung.

Mandat
Abgeordnetensitz im Parlament, politischer Auftrag, heute meist als Wählerauftrag an einen Abgeordneten in der Legislative zu verstehen. Unterschieden werden freies (Handlungsfreiheit des Beauftragten) oder imperatives Mandat (Bindung des Beauftragten an einen bestimmten Auftrag).

Manufaktur
Vorindustrielle, oft schon an Maschineneinsatz (Wasserkraft) ausgerichtete Massenfabrikation durch Ausnutzung der Rationalisierungseffekte von Mechanisierung, starker Arbeitsteilung und Produktnormung. Die hohe

Rendite aus der Massenfabrikation erlaubt hohen Kapitaleinsatz und damit teure Investitionen (Mechanisierung).

Marktverschiebung
Verschiebung der Nachfrage an bestimmten Gütern durch Änderung des Bedarfs oder der Mode etc.

Matrikularbeiträge
Zahlungen der einzelnen Bundesländer an den Bundesstaat zur Erfüllung seiner Aufgaben.

Meerengenfrage (Dardanellenfrage)
Einer der beherrschenden außenpolitischen Streitpunkte des 19. Jahrhunderts. Es ging um das Durchfahrtsrecht für Kriegsschiffe durch Bosporus und Dardanellen vom Schwarzen Meer ins Mittelmeer. Insbesondere Russland versuchte seine eisfreien Kriegshäfen im Schwarzen Meer weltweit nutzen zu können, was Großbritannien um die Seeherrschaft im Mittelmeer fürchten ließ. Seit Eröffnung des Suezkanals 1869 lief hier der kürzeste Seeweg von Europa nach Indien, Großbritanniens lukrativster Kolonie. Zusammen mit der Türkei und anderen Mittelmeermächten gelang es England, Russland am Zugriff auf die Dardanellen (über den Balkan) zu hindern. Erst 1936 kam es zum Abkommen von Montreux, das bis heute in Kraft ist.

Mehrheitswahlrecht
Wahlrecht, bei dem nur die direkt gewählten Abgeordneten von Wahlkreisen ein Mandat erhalten. Je nach Zuschnitt und Zusammensetzung der Wahlkreise kann das Wahlergebnis manipuliert werden. Im Gegensatz dazu steht das Verhältniswahlrecht.

Merkantilismus
Absolutistische Wirtschaftsform als staatlich gelenkte Zentralwirtschaft. Der Handlungsspielraum des wirtschaftenden Bürgertums wird entsprechend den Herrschaftsinteressen eingeschränkt und reglementiert. Staatsziel ist die Erhöhung der Steuereinnahmen zur Finanzierung des teuren absolutistischen Staatsapparates (Steuerstaat). Zur Förderung der Wirtschaft werden vom Staat die Verkehrswege ausgebaut, Rohstoffquellen erschlossen, aufgeklärte rationelle Produktionsverfahren eingeführt (Manufakturen), das Bildungssystem gefördert etc.
Als Hauptquelle des Reichtums gilt der Außenhandelsüberschuss. Importierte Rohstoffe sollen zu möglichst wertvollen Gütern verarbeitet werden und wieder teuer exportiert werden. Der eigene Markt wird durch hohe Zölle vor Konkurrenz geschützt.
Während in der Zeit des klassischen Merkantilismus der Schwerpunkt im Bereich der gewerblichen Wirtschaft gesehen wurde, erhielt gegen Ende der absolutistischen Ära die landwirtschaftliche Produktion den Vorzug.
Neben den absolutistisch geprägten „Festlandsmerkantilismus" tritt der britisch-niederländische, auf Fernhandel, Kolonialismus und wirtschaftliche Handlungsfreiheit ausgerichtete „Handelsmerkantilismus".

Militarismus
Überzeugung, dass außenpolitische Konflikte nur mit militärischer Gewalt gelöst werden können und geschichtliche Erfolge einer Nation meist auf militärischen Erfolgen gründen („Krieg als Vater der Geschichte"). Meist steht der Militarismus in Verbindung mit Konkurrenz- und Überlegenheitsdenken gegenüber anderen Nationen (Nationalismus und Chauvinismus). Kennzeichen des Militarismus sind oft:
– betonte Verehrung von Kriegshelden und Soldatentod, Denkmalbau und Siegesfeiern;
– überzogene Hochachtung gegenüber Soldaten, militärischer Erziehung und soldatischen Tugenden wie blinde Tapferkeit, unbedingter Gehorsam, Leidensfähigkeit und Führungsstärke;
– Eindringen militärischer Rituale und Stile in die gesellschaftliche Kultur, wie uniformähnliche Mode, soldatische Sprache (Kasernenhofton), Übernahme militärischer Strukturen in Wirtschaft und Verwaltung,

Kriegs- und Soldatenleben verherrlichende Schulerziehung, verharmlosende Darstellung der Folgen militärischer Gewalt und militärischen Unrechts, extreme und kritiklose Bewunderung von Militärtechnik;
- generelle Wertschätzung alles Militärischen, seien es Uniformen, Waffen oder militärische Ränge;
- gegenüber anderen Nationen Überlegenheitswahn, Unterschätzung und abschätziges Vorurteil.

Minorität
Gesellschaftliche oder politische Minderheit.

Mobilmachung
Herstellung der Kriegsbereitschaft einer Nation, Aufmarsch und Stellung der Truppen an den Grenzen zum Gegner. Die Schnelligkeit der Mobilmachung oder ein zeitlicher Vorsprung konnte, wie der Krieg 1870/71 zeigte, kriegsentscheidend sein. Die Mobilmachung der einen Seite zog deshalb üblicherweise die sofortige Mobilmachung der Gegenseite zwingend nach sich.

Nationalökonomie
Im 19. Jahrhundert entstehende akademische Lehre über Wirtschaft und Wirtschaftssystem des Staates (Verwissenschaftlichung des wirtschaftlichen Handelns).

Naturrechtslehre/philosophie
Aus der Aufklärung stammende Lehre, nach der Menschen von Natur aus bestimmte unveräußerliche Freiheits- und Unverletzlichkeitsrechte besitzen (Menschenrechte). Zusammen mit der so genannten Vertragslehre, nach der Menschen einen Staat durch einen Gesellschaftsvertrag gründen und den Souverän bestellen, bildet diese Lehre bis heute die Grundlage moderner demokratischer Verfassungen.

Offizierskorps
Gesamtheit der Offiziere einer militärischen Einheit.

Partikularismus
Konservative Kleinstaaterei, die die alten Verhältnisse im zersplitterten deutschen Raum aufrechterhalten wollte. Die politischen Minderheiten der Partikularisten standen im Gegensatz zu den Nationalen Kräften, aber auch zur SPD (Republikaner).

Patriarchat
„Vaterherrschaft", Bevorzugung und Privilegierung des männlichen Geschlechts in einer Gesellschaft.

Patriotismus
Liebe zum eigenen Vaterland ohne Abwertung anderer Völker oder Konkurrenzdenken. („positiver Nationalismus")

Pazifismus
Philosophisch-politische Denkrichtung, die Krieg und militärische Gewalt als Mittel staatlicher Auseinandersetzungen und der Politik grundsätzlich ablehnt. Als Gegenbewegung zum deutschen Militarismus im 19. Jahrhundert entwickeln sich gleichzeitig neben dem religiösen Pazifismus, wenn auch letztlich wirkungslos, der sozialistische und der bürgerliche Pazifismus.

Personalunion
Vereinigung mehrerer Herrschaftsgebiete und -titel unter einer Person.

Personenverbandsstaat
Mittelalterlicher Staatsverband gekennzeichnet durch persönliche Abhängigkeiten (Lehensabhängigkeit, d.h. ein Deutscher ist ein Angehöriger der Lehenpyramide, an deren Spitze der deutsche Kaiser steht). Territoriale oder ethnische Zugehörigkeiten spielen keine Rolle.

Polnischer Nationalaufstand 1863/64
15 Monate dauernder Partisanenaufstand im russischen Teil Polens. Preußen hilft dem Zaren, indem auf preußischem Territorium alle Rückhalt- und Rückzugsmöglichkeiten den Partisanen genommen werden, russische

Truppen gegen die Aufständischen auch auf preußischem Territorium operieren dürfen und geflüchtete Widerstandskämpfer verhaftet und den russischen Behörden ausgeliefert werden (Alvenslebensche Konvention 1863 durch den preußischen General von Alvensleben).

Pragmatismus
Politischer Pragmatismus: praktisches, frei der Situation angepasstes vorteilsbezogenes Handeln und Denken im Gegensatz zum regelbezogenen dogmatisch prinzipiellen Vorgehen.

Primat der Politik
Preußische Regel des Vorrangs der Politik vor rein militärischen Interessen (Clausewitz).

Prosperität
Wirtschaftswissenschaftlich: Aufschwung, Gedeihen.

Protektorat
Schutz, Schutzherrschaft.

Ratifikation
Inkraftsetzung eines Vertrages durch die dazu berechtigte Institution.

Realteilung
Verteilung des Erbes unter alle Erbberechtigten bei jedem Erbfall (im Gegensatz zum Anerbenrecht).

Regime(nt)
Regierung, Herrschaft.

Reichsfreiheit
Unmittelbare Unterstellung unter den Kaiser (Umgehung der Lehenpyramide).

Reichsmatrikularbeiträge
Siehe Matrikularbeiträge.

Ressourcen
Materielle oder personelle Mittel.

Revanchepolitik
Politik, die darauf abzielt, eine militärisch oder vertraglich aufgezwungene politische Veränderung wieder rückgängig zu machen.

Revision
Im historischen Sprachgebrauch Rücknahme, Wiederherstellung des Alten (oder Behauptung des Gegenteils).

Sezessionsstaaten
Abtrünnige Staaten.

Sonderklausel
Sonderbestimmung in einem Vertrag.

Souverän
Legitimer Inhaber der Staatsgewalt, in der Demokratie das Volk, in der Monarchie der König.

Sperrminorität
In abstimmungsberechtigten Gremien der festgelegte Mindeststimmanteil, der eine Entscheidung verhindern kann.

Stände
Mittelalterliche gesellschaftliche Ordnungsvorstellung in drei oder vier Gruppen: Adel, Klerus, dritter Stand (Stadtbürger und Bauern).

Ständekammer
Meist rechtloses (mittelalterliches) Parlament, das im Absolutismus in der Regel aus Vertretern der drei Stände Adel, Klerus und drittem Stand (Stadtbürger und Bauern) zusammengesetzt ist.

Strategie
Methodische Planung, Vorgehensweise, Methode.

Territorialstaat
Modernes Staatsverständnis, das am Ende des Mittelalters entsteht (Gegensatz: Personenverbandsstaat). Die Staatsgewalt erstreckt sich auf die Menschen (Staatsvolk), die inner-

halb eines durch Grenzen abgesteckten Gebietes leben.

Theokratie
Vereinigung von Herrscher- und Priesteramt in einer Person oder Institution, Priesterkönigtum, geistliche oder Kirchenherrschaft.

Ultimatum
In der Diplomatie förmliche Androhung von Sanktionen oder Gewalt bei Nichterfüllung einer Forderung.

Unitarismus
Einheitsbewegung (z. B. deutsche Einheitsbewegung).

Veto(recht)
Gegenstimme, man unterscheidet absolutes Veto und aufschiebendes Veto (für einen bestimmten Zeitraum).

Volkssouveränität
Republikanisches Prinzip der Legitimation zur politischen Macht nach Jean Jacques Rousseau: Alle Macht liegt beim Volk oder geht zumindest von ihm aus.

Zensuswahl
Frühliberale Wahlrechtsform des Besitzbürgertums. Das Recht zu wählen oder das Gewicht der Stimme ist an den Nachweis eines bestimmten Besitzes, Einkommens oder Steueraufkommens gebunden. Schon im antiken Rom wurde nach diesem Wahlrecht gewählt. Eine Spielart des Zensuswahlrechts war das preußische Dreiklassenwahlrecht, das bis 1918 galt. Die gesamte wahlberechtigte Bevölkerung in Preußen wurde in drei Wahlklassen aufgeteilt, die nach dem Steueraufkommen bemessen waren: Die jeweilige Wahlklasse erbrachte ein Drittel der Steuern in Preußen. Jede Wahlklasse wählte ein Drittel der Abgeordneten. Wenige sehr Reiche hatten also, da sie ein Drittel der Steuerleistung aufbrachten, über ebenso viele Abgeordnetensitze zu bestimmen, wie das zahllose Heer der Armen, die zusammen ebenfalls ein Drittel des Steueraufkommens leisteten.

Zünfte
Mittelalterliche Zusammenschlüsse von städtischen Handwerkern nach Produktionssparten zur Sozialversorgung und wirtschaftlichen und politischen Interessenvertretung. Zünfte organisieren sich in der Regel für die jeweilige Stadt als absolutes Marktmonopol, das Einkaufs- und Verkaufspreise, Löhne, Produktionsverfahren und -mengen ebenso festlegt, wie Zahl und Größe der Betriebe.

Zweikammersystem
Parlamentarisches System mit zwei parlamentarischen Institutionen (Kammern), die sich gegenseitig kontrollieren.

Im Abi die besten Karten

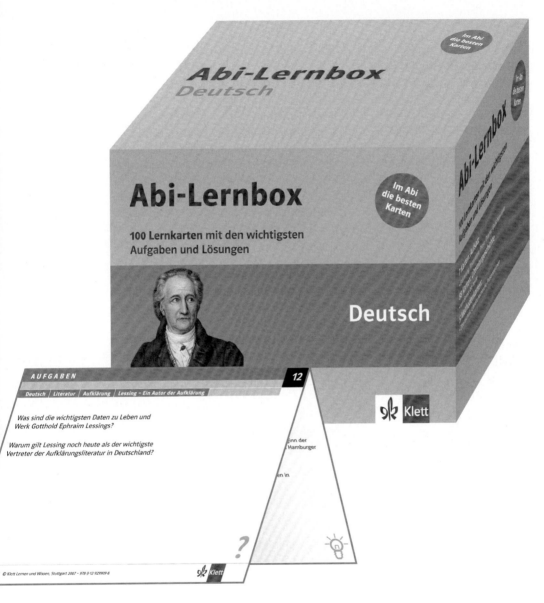

- die ersten Lernkarten für das Abitur!
- die 100 wichtigsten Aufgaben im Abitur, die jeder beherrschen muss
- ausführliches Wissen auf den ausgeklappten Innenseiten

Für Deutsch, Mathematik, Geschichte und Biologie erhältlich!

Erhältlich im Buchhandel.

Informationen unter **www.klett.de/lernhilfen**

Klett Lernen und Wissen GmbH, Postfach 10 26 45, 70022 Stuttgart
Telefon 0180 · 25 53 88 82, Telefax 0180 · 25 53 88 83